刘诗白 —— 著

刘诗白选集

第十一卷
自然哲学笔记

四川人民出版社

图书在版编目（CIP）数据

自然哲学笔记 / 刘诗白著. — 成都：四川人民出版
社， 2018.12
（刘诗白选集；第十一卷）
ISBN 978-7-220-10866-2

Ⅰ.①自… Ⅱ.①刘… Ⅲ.①自然哲学—文集
Ⅳ.①N02-53

中国版本图书馆CIP数据核字（2018）第184864号

ZIRAN ZHEXUE BIJI

自然哲学笔记

刘诗白 著

责任编辑	何朝霞　张东升
封面设计	陆红强
版式设计	戴雨虹
责任校对	林　泉　申婷婷
责任印制	王　俊
出版发行	四川人民出版社（成都槐树街 2 号）
网　　址	http://www.scpph.com
E-mail	scrmcbs@sina.com
新浪微博	@ 四川人民出版社
微信公众号	四川人民出版社
发行部业务电话	（028）86259624　86259453
防盗版举报电话	（028）86259624
照　　排	四川胜翔数码印务设计有限公司
印　　刷	成都东江印务有限公司
成品尺寸	170mm×240mm
印　　张	12.5
字　　数	150 千
版　　次	2018 年 12 月第 1 版
印　　次	2018 年 12 月第 1 次印刷
书　　号	ISBN 978-7-220-10866-2
全套定价	3000.00 元（全 13 卷）

目 录

前　言

　　我是主攻经济学的。为弄清 20 世纪末的高技术革命对当代经济、社会发展的重要作用，我从 90 年代开始阅读有关新技术革命的书。2010 年以来阅读了一批自然科学书籍，包括 J.D. 沃森、T.A. 贝克的《基因的分子生物学》、霍金的《时间简史》，以及有关认知理论与脑科学、天文学、物理学教材。重读了恩格斯有关自然辩证法的系列论著、达尔文的《物种起源》，等等。本卷就是我 7 年跨学科阅读中写作的笔记和从笔记中整理而成的学习心得，算是一本有关自然哲学的作品。我是自然科学的门外汉，无意也不可能进行认真的自然科学研究，由于我对哲学理论的兴趣，想做的是对大自然和生命体的运行机制和规律进行一些哲学的思考和描述。

　　马克思和恩格斯阐述和创立了辩证唯物主义和历史唯物主义哲学。恩格斯针对近代特别是 19 世纪自然科学研究中存在的形而上学以及唯心论影响，提出了发展自然科学需要加强理论思维的重要论题，并且写作了大量有关自然辩证法的论著。辩证唯物主义哲学是指引自然科学研究的基本理论和方法论。当代自然科学研究已经进入大自然的深层，科学家发现和揭示出宏大物质体和细微物质体运行中的许多新奇诡异现象，如量子物理学就揭示了量子运行的不确定性以及量子纠缠，科学家尚未能对这些现象做出令人满意的阐明。于是"物质从属于思维""意识第一性""量子有灵""人的灵魂上天运行"等"现代灵异论"一时成为西方媒体的热门议题。一些宗教人士借此宣称"上帝创世"的原教义获得了"科学的证实"，个别自然科学家也加入了"灵异论"的行列。其实，作为细微物质体的量子，是采取量子态这一不固定的聚合体形式的物质，它的存在表现为又"在"又"不在"，是"有"也是"无"，从而，使用当下实证工具和传统思维方法就产生"测不准"的现象。同时，量子"纠缠"，表现的是粒子具有的跨越大空域相关联效应，这一效应是宇宙多种物质力互相交错、融会而形成，也就是说，它并非是"不可知"的东西。爱因斯坦在当时就提出了"上帝不掷骰子"的有名而又睿智的评述。量子运行特异现象引发的社会复杂思想反应表明：自然世界深层领域，特别是生命以及人的精神活动，存在着许许多多自然辩证法运动新形式，要对这些新现象做出科学阐释，就不仅要使用实证方法，还需要有高度的唯物辩证的理论思维。

本卷是我聚焦于宇宙的生成，生命体的产生、本性，以及人类的认知、情感、道德理念这三项论题，立足于辩证唯物主义和现代自然科学新成果进行的理论思考。在本卷中我提出了人类的一切精神活动都是立足于脑象形成和运行机制的论题，并且进行了一些初步的阐述。如天假我以年，我还将对这一论题加以进一步的论述。本卷还对其他一些自然物质运行机制提出了立足于哲学的阐释。作为一本不成熟的探索之作，希望读者特别是专家们多多赐教，以便我进行修正。

本卷承蒙伍韧教授细心加以校阅和做了众多修正，伍韧同志是自然科学家和哲学家，他的努力不仅使本卷错误之处尽可能更少一些，而且使粗陋之稿增色不少，在此向他表示谢意。本卷书稿蒙曾琴女士精心打印，由于我的字迹潦草，辨识困难，加之以原稿反反复复修改，多次打印，可以说是印稿盈尺，这使曾琴耗费了许多精力，在此，我向她表示谢意。

刘诗白

2018 年 3 月 16 日于光华园

第一篇

自然哲学笔记

第一章

读恩格斯有关自然哲学论文的笔记

一、读恩格斯自然辩证法论文笔记摘要与札记

（一）辩证法思维

"辩证法的规律是从自然界和人类社会的历史中抽象出来的。辩证法的规律不是别的，正是历史发展的这两个方面和思维本身的最一般的规律。"①

辩证法的三大规律是：（1）量转化为质和质转化为量的规律。（2）对立的相互渗透的规律。（3）否定的否定的规律。"所有这三个规律都曾被黑格尔以其唯心主义的方式只当作思想规律而加以阐明。"②

黑格尔把辩证法作为思维的规律，并且将它"强加于自然界和历史"③（重点为引者所加）。自然辩证法"不过是自然界中到处盛行的

---

① 《马克思恩格斯选集》第3卷，人民出版社，1972年，第484页。

② 《马克思恩格斯选集》第3卷，人民出版社，1972年，第484页。

③ 《马克思恩格斯选集》第3卷，人民出版社，1972年，第484页。

对立中的运动的反映而已"①。古代不少杰出思想家在观察与认识世界时，就已经十分卓越地运用辩证思维。西欧中古时期通行的是崇尚事物不变性的经院哲学思维。只是在资本主义曙光期，出现了古代辩证思维的重生，19世纪德国哲学家黑格尔建立起内容博大的唯心主义辩证法理论体系。

马克思和恩格斯的哲学创造立足于现代社会实践，特别是近代资本主义社会工人阶级革命实践，批判地继承前人的辩证思维的成果，包括黑格尔的辩证法哲学思想，创造出科学的唯物辩证法学说。这一学说，不仅是马克思主义理论体系的重要组成部分，而且是马克思主义科学理论的方法论基础。

（二）自然辩证法

"辩证法在考察事物及其在头脑中的反映时，本质上是从它们的联系、它们的联结、它们的运动、它们的产生和消失方面去考察的。自然界是检验辩证法的试金石，而且我们必须说，现代自然科学为这种检验提供了极其丰富的、与日俱增的材料，并从而证明了，自然界的一切归根到底是辩证地而不是形而上学地发生的；自然界不是循着一个永远一样的不断重复的圆圈运动，而是经历着实在的历史。"②

"学会辩证地思维的自然科学家到现在还屈指可数。"③"要精确地描绘宇宙、宇宙的发展和人类的发展，以及这种发展在人们头脑中的反映，就只有用辩证的方法，只有经常注意产生和消失之间、前进

---

① 《马克思恩格斯选集》第3卷，人民出版社，1972年，第534页。
② 《马克思恩格斯选集》第3卷，人民出版社，1972年，第420页。
③ 《马克思恩格斯选集》第3卷，人民出版社，1972年，第420页。

的变化和后退的变化之间的普遍的相互作用才能做到。"[1]

（三）立足辩证法进行自然科学研究

15世纪下半叶以来不断加快发展的自然科学，"把自然界分解为各个部分，把自然界的各种过程和事物分成一定的门类，对有机体的内部按其多种多样的解剖形态进行研究……这种做法也给我们留下一种习惯：把自然界的事物和过程孤立起来，撇开广泛的总的联系去进行考察，因此就不是把它们看做运动的东西，而是看做静止的东西；不是看做本质上变化着的东西，而是看做永恒不变的东西；不是看做活的东西，而是看做死的东西。"[2]

"康德一开始他的科学生涯，就把牛顿的稳定的和自从有名的第一次推动作出以后就永远如此的太阳系变成了历史的过程，即太阳系和一切行星由旋转的星云团产生的过程。"[3]

（四）对立的统一

对立的统一体现在自然物的一切运动形式中，如物质的吸引与排斥，生命体的吸收与排泄，"这些对立，以其不断的斗争和最后的互相转变或向更高形式的转变，来决定自然界的生活"[4]。两项相关物质体之间的关系，表现为对立的统一，二者相互运动，又相互依存，我们将它称为两极配对。电子的阴极和阳极的配对，两极接触，二者间形成电子运动，成为对立的统一，即电流回路。两极配对，还表现

---

① 《马克思恩格斯选集》第3卷，人民出版社，1972年，第420页。

② 《马克思恩格斯选集》第3卷，人民出版社，1972年，第418页。

③ 《马克思恩格斯选集》第3卷，人民出版社，1972年，第419~420页。

④ 《马克思恩格斯选集》第3卷，人民出版社，1972年，第534页。

为发光与发热。如白炽灯泡上钨丝通电加热发出可见光。化学作用中的对立统一，表现为相关物质进行化合或分解。如在一定的条件作用下，氢元素可以生成为三种不同用途的同位素，氕、氘、氚，即 $_1^1H$、$_1^1H$、$_1^2H$，后两种常用于热核反应中。基本粒子同样存在配对和相互对立现象，如在原子核中的质子与核外电子的对立和相互牵引运动。量子结构具有新的对立统一形式：包括量子纠缠。

（五）量变到质变

"自然界中一切质的差别，或是基于不同的化学成分，或是基于运动（能）的不同的量或不同的形式，或是——差不多总是这样——同时基于这两者。所以，没有物质或运动的增加或减少，即没有有关物体的量的变化，是不可能改变这个物体的质的。"[①]（重点为引者所加）

"化学可以称为研究物体由于量的构成的变化而发生的质变的科学。"[②]

"这最纯粹地表现在化合物的一切元素都按同一比例改变它的量的地方，例如在正烷属烃 C_nH_{2n+2} 中，最低是甲烷 CH_4，是气体；已知的最高的是十六烷 $C_{16}H_{34}$，是一种形成无色结晶的固体，在 21℃熔融，在 278℃才沸腾。在两个系列中，每一个新的项都是由于把 CH_2，即一个碳原子和两个氢原子，加进前一个分子式而形成的，分子式的这种量的变化，每一次都引起一个质上不同的物体的形成。……在化学中，差不多有任何地方，例如在氮的各种氮化物中，在磷和硫的各种含氧酸中，都可以看到'量转变为质'……"[③]

---

① 《马克思恩格斯选集》第 3 卷，人民出版社，1972 年，第 485 页。

② 《马克思恩格斯选集》第 3 卷，人民出版社，1972 年，第 487 页。

③ 《马克思恩格斯选集》第 3 卷，人民出版社，1972 年，第 168 页。

"一颗大麦粒得到它所需要的正常的条件。落到适宜的土壤里，那末它在热和水分的影响下发生特有的变化：发芽；而麦粒本身就消失了，被否定了，代替它的是从它生长起来的植物，即麦粒的否定，而这种植物的生命进程是怎样的呢？它生长、开花、结实，最后又产生大麦粒，大麦粒一成熟，植物就渐渐死去，它本身被否定了，作为这一否定的否定的结果，我们又有了原来的大麦粒，但是不是一粒，而是增加了十倍，二十倍或三十倍。"①

由上述而知，自然物体的量变到质变，"每一个别场合都是严格地确定的方式进行"②。每种自然物体的量变，如温度、运动速度、冲击力度等的增长达到一定关节点，就会有物体的质变发生。

（六）物质运动势态的量变到质变

固体、液体、气体、等离子体是物质存在的不同形态。每一种物质体都可以通过量变由一种存在形式转换为另一种存在形式，这即是质变。以水的三态变化为例，在标准大气压下，水分子的运动与温度成正比。温度越高，分子间的距离就越大。当物质的水是固态时，分子间的距离最小，分子只能在固定点震动，所以固体有固定的体积和形状。当水是液体时，水在加温中分子运动加强，产生分子撞击压强增大，温度越高，水分子相互撞击力度越大，使分子间的距离拉大。温度升至100℃，即沸点时，水分子互撞力达到极值，产生沸腾和汽化，也就是气体分子间的距离为液体的十倍以上，每个分子能自由地沿各个方向运动，发生了液态水到气态水的质变；而当温度下降至0℃时，

---

① 《马克思恩格斯选集》第3卷，人民出版社，1972年，第175页。

② 《马克思恩格斯选集》第3卷，人民出版社，1972年，第485页。

发生由液态水到固态水的质变。

木柴在摩擦中产生热能，热能增长与摩擦力成正比。摩擦力达到某一关节点，热量增高的木屑迸溅出火花。木柴集聚的热量达到燃点就会起火燃烧。木柴的热能的增长体现量变，燃烧体现质变，也就是木柴到焦炭的转化即物质结构性质的变化。

绝大多数物质体都是一种结构或组合体。氧气分子由两个原子组成，即 O_2，三个氧原子结合就成为性质不同的臭氧 O_3，放射性物质如铀，则有 U_{235}、U_{238} 等，它们具有不同的放射性。原子化合物是组合物的重要形式，如碳氢化合物、碳氧化合物，等等。其组成原子结构和原子量的不同，决定了它们质的不同。量的变化引起质变还适用于元素本身。门捷列夫按化学元素的原子数量进行排序，制定了元素周期表，揭示了各种元素的原子量不同，决定着其物理化学性质的特征和变化规律。恩格斯说："门得列耶夫（即门捷列夫——引者）不自觉地应用黑格尔的量转化为质的规律，完成了科学上的一个勋业，这个勋业可以和勒维烈计算尚未知道的行星海王星的轨道的勋业居于同等地位。"[1]

（七）辩证法：物的普遍联系性

恩格斯说"辩证法是关于普遍联系的科学"[2]。由于作为研究对象的客观实在在自然界、人类社会具有多样性，表现为组织结构或组合体，我们称为多样性统一体。任何事物都处在多种联系或关系之中。一方面，每一物受到多样相关物的牵动；另一方面，它本身又牵动着其他的物，这就是物的普遍联系性。恩格斯称辩证法为普遍联系的科学。进行辩

---

① 《马克思恩格斯选集》第 3 卷，人民出版社，1972 年，第 489~490 页。

② 《马克思恩格斯选集》第 3 卷，人民出版社，1972 年，第 521 页。

证的思维，则要求人们不要孤立地看待事物，要持全面总体观，从多种多样的联系中，包括自然联系与社会联系、空间中的联系和时间中的联系，去把握对象的性质和特征。

（八）从中世纪唯心主义到近代唯物主义

中世纪西欧的主流意识是神学唯心主义，近代唯物主义第一个代表人是英国的弗兰西斯·培根，他论述了感觉是可靠的，自然科学以经验为基础。[①] 然后是霍布斯，他把培根的学说系统化。

霍布斯论述了全部知识是由感官提供，一切观念起源于感性知识，存在的主观反映是形体。"形体、存在、实体只是同一种实在的不同名称"，这个客观实在即物质，"物质是世界上所发出的一切变化的基础"。[②]

霍布斯认为"概念和观念就不过是现实世界丧失了感性形式的幻影"[③]，他把概念视为"幻影"，就是疏离于现实，从而使观念脱离了客观实在。

唯物论的认识把意识、观念作为存在的反映，是先有客观存在，然后有意识形式，存在不仅决定意识，而且规定观念的内涵。恩格斯认为：黑格尔"头脑中的思想不是现实的事物和过程的多少抽象的反映，相反地，在他看来，事物及其发展只是世界出现以前已经以某种方式存在着的'观念的现实化的反映'。这样，一切都被弄得头足倒置了"[④]。

---

① 《马克思恩格斯选集》第 3 卷，人民出版社，1972 年，第 383 页。
② 《马克思恩格斯选集》第 3 卷，人民出版社，1972 年，第 384 页。
③ 《马克思恩格斯选集》第 3 卷，人民出版社，1972 年，第 383 页。
④ 《马克思恩格斯选集》第 3 卷，人民出版社，1972 年，第 421 页。

恩格斯说"关于人类的全部知识起源于感性世界"[①]的论点是唯物主义认识论基本原理。

当然，霍布斯还不了解人类大脑认知机制。首先是外物投射到人的感官，形成作为感性认识的脑象或始象，进一步通过思维抽象上升为概念。早期唯物主义，不了解立足于脑神经运行的人类认知机制，他们还不能彻底地摆脱唯心主义，传统意识总是顽强地存在。

17 世纪以来牛顿力学以及自然科学的兴起，18 世纪末以蒸汽机为代表的技术革命和大机器生产的发展，引起了观念的变革，把自然物看作是不以人的意志为转移的物质世界的唯物主义观念得到传播。但另一方面，千百年来上帝创世的观念，仍然是西欧占支配地位的意识形态，恩格斯说："大约在本世纪中叶，每个移居英国的有教养的外国人都感到惊奇的，是那种他在当时认为是英国体面的中等阶级的宗教执迷和愚蠢现象。……我们不能理解，为什么英国几乎所有有教养的人都相信各种各样不可思议的奇迹……"[②]

不仅是在西欧，在任何国家，没有自然科学和人文社会科学，就不能消除人脑中的"宗教执迷和愚蠢现象"，人们就会固守神力创造和支配自然与社会的传统意识，不懂得自然世界与社会从来都是受客观规律支配的。

立足于自然科学的新观念是：世界是可知的，只有尚未知之物，没有不可知之物，也就是不存在康德所说的神秘的"自在之物"[③]。

唯物论认识论的出发点是：

第一，存在、现实是"本原的东西"（恩格斯），观念是客观存在的"摹

① 《马克思恩格斯选集》第 3 卷，人民出版社，1972 年，第 384 页。

② 《马克思恩格斯选集》第 3 卷，人民出版社，1972 年，第 385 页。

③ 《马克思恩格斯选集》第 3 卷，人民出版社，1972 年，第 386~388 页。

写"。①

第二，科学认识要从事实中发现物与物之间的联系，"在发现（这些联系——引者）之后，要尽可能用经验去证明"②。

第三，不只是要经受个别的"实证"，而且要经得起众多的实证，获得"普遍的"验证。③

（九）立足实践的认知

科学的认识论的第一原则：认识是客观实在在人脑的反映。这也就是唯物主义哲学中的存在决定意识、物质决定精神的原理。

科学认识论的真理观：实践是检验真理的唯一标准。辩证唯物主义的认识论，把实践纳入认识进程，阐明了认识来源于实践。实践经验是基础，然后才有作为对实践经验总结的科学的认识，也就是实践—认识—再实践—再认识。因而初始的认识来源于第一轮实践，伴随实践发展才有认识的深化和发展。

可见，唯物主义认识论是立足实践的认识论和真理论，它不是凭空的"思维"、"异想天开"的幻想。

不能把现代认知科学（Cognitive Science）等同于哲学认识论。现代认知科学作为研究人脑的认知机制的理论，既有广义的生物生理学的机理基础，又有现代脑科学的认知形成各环节的链接机制。辩证唯物主义的认识论属于哲学，当然，它要汲取现代认知科学的积极要素，进一步丰富和发展马克思主义哲学认识论。

唯物主义主张人类知识首先是通过实践获得感性认识，其次是进

① 《马克思恩格斯选集》第3卷，人民出版社，1972年，第469页。
② 《马克思恩格斯选集》第3卷，人民出版社，1972年，第470页。
③ 《马克思恩格斯选集》第3卷，人民出版社，1972年，第470页。

行思维加工，将感性认识上升为概括性的理性认识。

人们面对一个"苹果"，首先获得的认识是"它是红的""是甜的""是可口的"，等等，这些是感性认识。对生物学家来说，他获得的认识是："它是一种植物"；营养学家对苹果的认识是："它是含有丰富维生素的自然营养物"。这些认识属于理性认识。理性认识来源于先前的感性认识，是人脑对感性认识进行思维加工、概括而形成的认知形式。深度的理性认识来自丰富的感性认识。可见，认识的基础和源泉是实践和来自实践的感性认识。面对实证科学的兴起，宣扬先验认知论的唯心主义哲学家极力地反对。他们说个人的感受是狭隘的、充满个人色彩的，无助于揭示世界的真实。他们认为强调实践的认识功能，会走向由个人感觉决定的"公说公有理，婆说婆有理"。对于唯心主义者的这一诘难，恩格斯做出了十分细致透彻的论证。他说："对布丁的检验在于吃。……如果我们达到了我们的目的，如果我们发现事物符合我们关于它的观念，并且产生我们预期的目的，那末这就肯定地证明，**在这一范围内**我们关于事物及其特性的知觉是同存在于我们之外的现实相符合的。"①

（十）人脑的发展，立足于人手和劳动实践

人脑与人手的关系，不只是一种手脑并用和互动，而且是脑聪因手勤，知因"行"得。

唯物主义的认识论引入实践，指明了认识来源于实践。

人的第一实践是物质生产实践，它增长人的生产知识，结出更多物质成果，使人获得更多利益，由此驱动人去不断获取知识。使用工

---

① 《马克思恩格斯选集》第3卷，人民出版社，1972年，第386~387页。

具是人类的特征。用好工具需要有灵巧的手。人的直立行走，引起手足功能的分化，手被解放出来用于生产，成为操纵物质工具的"人身工具"。这样，不断进行生产操作的人手就能够适应物质工具的性能、生产方法和生产对象的要求，不断增进灵活性、熟练性和创造性；手的灵巧性的增进，伴随着大脑思维和认知的增进，表现为经验、知识的创造和积累，从而使此后的手的操作，由原先的"手工"提升为经验、知识指引的"手艺"。可见手的运动引发脑的思考功能，它使人脑更加聪明，知识创造力不断增强。"如果人的脑不随着手、不和手一起、不部分地借助于手相应地发展起来的话，那末单靠手是永远造不出蒸汽机来的。"[①]

（十一）正确认识和运用自然规律

"动物仅仅利用**外部**自然界，单纯地以自己的存在来使自然界改变，而人则通过他所作出的改变来使自然界为自己的目的服务，来**支配**自然界。"[②]

"但是我们不要过分地陶醉于我们对自然界的胜利。对于每一次这样的胜利，自然界都报复了我们。……美索不达米亚、希腊、小亚细亚以及其他各地的居民，为了想得到耕地，把森林都砍完了，但是他们梦想不到，这些地方今天竟因此成为荒芜不毛之地，因为他们使这些地方失去了森林，也失去了积聚和贮存水分的中心。阿尔卑斯山的意大利人，在山南坡砍光了在北坡被十分细心地保护的松林，他们没有预料到，这样一来，他们把他们区域里的高山畜牧业的基础给摧

---

① 《马克思恩格斯选集》第3卷，人民出版社，1972年，第457页。
② 《马克思恩格斯选集》第3卷，人民出版社，1972年，第517页。

毁了；他们更没有预料到，他们这样做，竟使山泉在一年中的大部分时间内枯竭了，而在雨季又使更加凶猛的洪水倾泻到平原上。在欧洲传播栽种马铃薯的人，并不知道他们也把瘰疬症和多粉的块根一起传播过来了。因此我们必须时时记住：我们统治自然界，决不象征服者统治异民族一样，决不象站在自然界以外的人一样，——相反地，我们连同我们的肉、血和头脑都是属于自然界，存在于自然界的；我们对自然界的整个统治，是在于我们比其他一切动物强，能够认识和正确运用自然规律。"[①]

恩格斯对人类历史上屡屡发生的居民从眼前利益出发，采取掠夺自然的生产行为进行了考察和理论分析，指出这种行为损害了自然，最终是损害了自己。恩格斯从自然哲学的高度来分析人与自然的关系和人利用自然与尊重自然规律的关系。他指出人们在利用自然中"决不象征服者统治异民族一样，决不象站在自然界以外的人一样，——相反地，我们连同我们的肉、血和头脑都是属于自然界，存在于自然界的"（重点为引者所加）。这里恩格斯从哲理上揭示了"人与自然的同一性"。这种"人"与"自然"的"同一性"，要求人采取与自然相统一的行为。也就是要求人在生产行为中能够正确认识和运用自然规律。恩格斯在一百多年前对人与自然关系的理论阐述，为当代的马克思主义的生态危机理论奠定了坚实的哲学基础。

（十二）人的自觉性

人的自觉性是自然发展开出的"美丽的花朵"，它的出现经历了以下一系列的物质演变：由原生单细胞生物到多细胞生物，到植物，进至

[①] 《马克思恩格斯选集》第 3 卷，人民出版社，1972 年，第 517~518 页。

动物，最终进至有发达思维能力的最高级的生命体——人的产生。恩格斯说："在它身上自然界达到了自我意识，这就是人。"①自然物处在外来刺激→反应中，作用→反应方式是多种多样的。矿物对外来刺激也有"反应"，那是基于物理、化学机制的物质反应；植物对自然界有自主反应，但是属于"无意识的反应"；发达脊椎动物有初级意识，开始具有主体性反应，但没有达到立足于脑的抽象思维的自主性反应：即自觉行为。即使是"聪明"的动物也不具有"自觉性"行为。

人的生物生理特征是具有最发达的大脑和发达的思维，其表现是"自我认知"能力，也就是"自我意识"。人不仅能认知外界事物，还能认知自己、评价自己，修正、完善自己，也就是"自我觉知"，犬类会对镜子狂吠，它以自己为敌，它不认识镜中犬就是自己。

人的自觉性表现在人能进行行为选择和调整，应境而行，因势而动，也就是按客观规律办事。"人离开狭义的动物愈远，就愈是有意识地自己创造自己的历史。"②这里，有意识地指的是有预先设定的目的的行为。

（十三）从永恒不变的自然到发展变化的自然——自然观的历史变化

自然物处在发展变革中，如斗转星移、风雨雷电，花开花落、生长衰亡。较少受意识形态束缚的古代哲学家，如中国的老子、庄子，古希腊的亚里士多德，就已经提出和阐述了自然处在发展变化中的理念。中世纪的西欧，在"上帝创世""世界永恒"的神学意识统治下，

---

① 《马克思恩格斯选集》第 3 卷，人民出版社，1972 年，第 456 页。
② 《马克思恩格斯选集》第 3 卷，人民出版社，1972 年，第 457 页。

人们，即使是学者、哲学家都不假思索地接受了"自然界永恒不变"的说法。17世纪以来，自然科学逐步兴起，基于对自然物体——包括生物——进行大量实证研究，自然科学家突破了自然永存不变的神学信条，提出和形成了自然物体的物质性和物质处在运动中的新观念。特别是达尔文的生物进化理论，揭示了生物体由初级形式到高级形式辩证演进的过程，带来了一场对有生命自然认识的革命。

生物学家基于对实证材料的分析已经阐述了无论是动物还是植物，都是不断发展和"分化"的物种。对某一些物种，有关动物与植物的传统划分标准已经不适用。如文昌鱼和南美肺鱼，就是这样的新生物种。"人们遇见了甚至不能说它们是属于植物界还是属于动物界的有机体。"① 恩格斯指出，19世纪自然科学取得一系列重大的实验成果，揭示与论述了自然物质从无生命的"无机物"到"有机物"的转变，由此把康德还认为是"无机界"与"有机界"之间的"永远不可逾越的鸿沟大部分填起来了"②。

（十四）自然科学的理论研究方法：从自然物的最简单的形式开始

在进行社会经济的分析时，马克思认为资本主义生产方式占统治地位的社会财富表现为"庞大的商品的堆积"，单个的商品表现为这种财富的元素形式。因此，我们的研究就从分析商品开始。③ 同样，在进行对大自然的分析时，也要使用这样开始于简单自然物质属性的分析方法。恩格斯指出：自然科学"研究运动的性质，当然应当从这种运动的最低级、最简单的形式开始……然后才能对更高级和更复杂的

———————————

① 《马克思恩格斯选集》第3卷，人民出版社，1972年，第453页。
② 《马克思恩格斯选集》第3卷，人民出版社，1972年，第452页。
③ 《马克思恩格斯全集》第25卷，人民出版社，1974年，第47页。

形式有所阐明"[①]。

（十五）辩证法自然观的十个论题

自然辩证法的研究可以归结为下述十个论题。

1. 自然物的物质性。

2. 自然物的多样性和相互联结、相互依存、相互排斥。

3. 自然物的运动性。发展与变化、生与灭、始点与终点、瞬间与长期。

4. 自然物的空间存在形式。大与小、宏观与微观、一维与多维。

5. 自然物结构的多层次性。表层与里层。

6. 自然物的形式与内容。现象与本质，形式与性质。

7. 自然物的内在结构的对立统一性与多元一体性。

8 自然物的运动的动因。内因与外因，自动与他动。

9. 自然物的发展演变方式。量变与质变，量变→局部质变→根本质变，渐变与突变。

10. 细微体与宏大体。

二、论恩格斯的辩证唯物主义的自然观

（一）一切自然对象是物质的"存在形式"

人们面对着的数不尽的自然对象，太空的日、月、星、辰，地面的山、海、林、木，人、畜、鱼、虫，等等，它们组成自然世界。西欧神学家宣扬世界万物是上帝爱心的示现，唯心主义哲学家黑格尔将自然万象说成是绝对精神的体现。辩证唯物主义则将一切自然对象的本质归

---

① 《马克思恩格斯选集》第3卷，人民出版社，1972年，第491页。

结为物质，无论是宏观物体如星系、星体、暗物质，还是微观非生命
物体如原子、生物分子体的细胞，以及 DNA，这些林林总总各式各样
的"物体"都是"物质的任何有限的存在方式"①。"我们在这里所说
的物体，是指所有的物质存在，从星球到原子，甚至直到以太粒子，
如果我们承认以太粒子存在的话。"②（重点为引者所加）

基于恩格斯将一切自然物体归结为"物质存在"，其本质是物质的
阐述，本书论述中把物体（包括有生命物体）一词也称为物质体。而宇
宙则是各种物质体的总合，采用公式表述就是：宇宙 = Σ物质体。将自
然万物归结为物质，这就是唯物辩证法哲学的世界物质本体理论。

（二）物质永远处在运动中

中世纪的神学唯心主义宣扬上帝创造出一个静止不变的世界。唯
物辩证法则论证了运动是"物质存在的最基本形式"。运动是绝对的，
静止是相对而言的。

16 世纪以来，数学、物理学、天文学、化学等自然科学在西欧获得
迅速发展。"刻卜勒发现了行星运动的规律，而牛顿则从物质的普遍运
动规律的观点对这些规律进行了概括。"③恩格斯指出："然而，这个
时代的特征是一个特殊的总观点的形成，这个总观点的中心是**自然界绝
对不变**这样一个见解。不管自然界本身是怎样产生的，只要它一旦存在，
那末在它存在的时候它始终就是这样。行星及其卫星，一旦由于神秘的
'第一次推动'而运动起来，它们便依照预定的椭圆轨道继续不断地旋
转下去，……恒星永远固定不动地停留在自己的位置上……地球亘古以

---

① 《马克思恩格斯选集》第 3 卷，人民出版社，1972 年，第 462 页。

② 《马克思恩格斯选集》第 3 卷，人民出版社，1972 年，第 492 页。

③ 《马克思恩格斯选集》第 3 卷，人民出版社，1972 年，第 447 页。

来或者是从它被创造的那天起（不管那一种情形）就毫无改变地总是原来的样子。"①生物学家认为："植物和动物的种，一产生便永远确定下来，相同的东西总是产生相同的东西，……自然界的历史被认为是在空间中扩张。自然界的任何变化、任何发展都被否定了……今天的一切都和一开始的时候一样，而且直到世界末日或万古永世。"②当时科学家头脑中的观念是：猫一旦创生出来，永远是猫；猿永远是猿。生物学家从来不会想象，也不敢想象有某一个猿类，如灵长类猿会演变为类人猿，最终变成人类。"虽然十八世纪上半叶的自然科学在知识上，甚至在材料的整理上高过了希腊古代，但是它在理论地掌握这些材料上，在一般的自然观上却低于希腊古代。"③

18 世纪的哲学家，汲取了各门实证学科的研究成果，阐述了有关运动中的自然的新观念。"康德一开始他的科学生涯，就把牛顿的稳定的和自从有名的第一次推动做出以后就永远一直如此的太阳系变成了历史的过程，即太阳和一切行星由旋转的星云团产生的过程。"④黑格尔把对事物运动辩证法的理论阐述达到一个新高峰。但是在黑格尔的绝对精神创生世界的哲学唯心主义体系中，辩证法是倒立的。只有马克思和恩格斯创建和阐述的辩证唯物主义，才成为人们深度认识自然和阐释自然的辩证运动的精神武器。

（三）物质体的相互联系与运动的产生

辩证法不是孤立地来认识自然对象，而是把自然世界看作是多样

① 《马克思恩格斯选集》第 3 卷，人民出版社，1972 年，第 448 页。
② 《马克思恩格斯选集》第 3 卷，人民出版社，1972 年，第 448 页。
③ 《马克思恩格斯选集》第 3 卷，人民出版社，1972 年，第 448 页。
④ 《马克思恩格斯选集》第 3 卷，人民出版社，1972 年，第 420 页。

物质体相互联系和相互依存的体系。恩格斯指出："我们所面对着的整个自然界形成一个体系，即各种物体相互联系的总体，而我们在这里所说的物体，是指所有的物质存在……这些物体是互相联系的，这就是说，它们是相互作用着的，并且正是这种相互作用构成了运动。由此可见，物质没有运动是不可想象的。"①

恩格斯在这里把物体的运动，归结为自然界物体间的相互联系和相互作用，也就是自然世界物质体相关联性。《辩证法》一文中说："辩证法是和形而上学相对立的，关于联系的科学。"②相互联系表现为物体间的相互作用、相引相斥，从而表现为运动。反之，如果物体间互不关联，没有相互作用，没有相引相斥，也就不会有物体运动的发生。

1. 两个物体间相互作用：两极对立式运动

辩证法把自然界的运动势态和过程视为多种物体的相互作用的结果和体现。为进一步弄清自然运动的机制，人们首先要假设和分析一个较简单的自然过程，即体现一对关联物体的相互作用。恩格斯说"一切自然过程都有两个方面，它们建立在至少是两个起着作用的部分的关系上，建立在作用和反作用上"③。如地球的绕日公转，体现了两个星体间的作用与反作用；原子世界中电子绕原子核运行，体现了两个微观物质体的作用与反作用；生物世界中的葵花向阳开运动，体现了日光与植物体二者间的作用与反作用。鹰奋击长空，鱼乐游大渊，这些生命运动形式，也都体现了特定生命体与它相适的环境间的作用与反作用。

可见，正是两个自然物体相联系，二者互相作用，你推我拒，此

① 《马克思恩格斯选集》第 3 卷，人民出版社，1972 年，第 492 页。
② 《马克思恩格斯选集》第 3 卷，人民出版社，1972 年，第 484 页。
③ 《马克思恩格斯选集》第 3 卷，人民出版社，1972 年，第 504 页。

促彼制，相引相斥，产生了运动；如果二者不发生联系，不形成对立，互不相干，"风、马、牛"不相及，就不会有运动的发生。上述两个物体的相互关系与交相作用，就是对立统一的辩证哲学规律。用中国古代哲学学术话语就是：两极对立，一阴一阳谓之道。物体的两极对立产生运动的命题早在两千多年前就已经被中国哲学家和古希腊哲学家提出来了。

恩格斯说："一切运动的基本形式都是接近和分离、收缩和膨胀，——一句话，是**吸引**和**排斥**这一古老的两极对立。"[①]在18世纪"康德早已把物质看做吸引和排斥的统一体"[②]。

2. 自然物质的广泛联系性与复杂的运动

如果说，两个相关物体间的联系和二者间的对立统一决定物的运动产生和运动势态，那么，在诸物体间复杂的联系下，则有复杂的运动势态的产生。

自然物质体无论是宏大宇宙、星系、星体、地球体，或是生物聚集地、生态圈，等等，它们都处在极其众多的联系之中，而正是这些多方面的联系和各种交错作用与反作用，形成了复杂的运动。我们可以用"网络"一词来概括诸相关联物体间的联系。如果有某一物体撞入一个特定网络中某一线点上，它对网络发生的"作用"，不仅把一个冲击力传递到落点上，产生落点网络反应；而且，由于整个网络结构上力的互相牵动，撞入物体的冲击与牵动力，就会由落点传导和扩散到全部网络，形成整体网络反应。

上述相关物体间的联系，图式如下：

---

① 《马克思恩格斯选集》第3卷，人民出版社，1972年，第493页。

② 《马克思恩格斯选集》第3卷，人民出版社，1972年，第493页。

作用一方：A、W、X、Y、Z…

反作用一方：B、D、M、N、O…

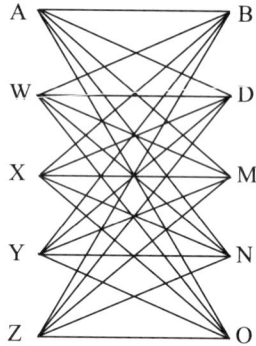

上图中 B、D、M、N、O 等物的反应态中，均有来自 A、W、X、Y、Z 等物的作用，同时，A、W、X、Y、Z 等物的运行态中也有来自 B、D、M、N、O 等物的反作用。

（四）广泛关联物体的"多极联动"运行方式

例证一：宇宙运行中的多极联动。宇宙就是一个由众多星体、暗物质、黑洞、射线等组成的大网络和大系统。太阳系的九大行星的运行，地球和作为地球卫星的月球的运行，均是大宇宙网络中的一个局域，也是一个小天体。小天体不是孤立地转动，而是处在与大天体的其他局域的复杂的联系之中，也就是存在着各个局域运行的相互作用，以及局域运行和总体运行的相互作用。某一个特定小天体的运动，都会对大宇宙运行带来或大或小的影响。因此，霍金提出的关于我们寓居的"小宇宙自足运行"的理论是值得怀疑的。

例证二：生物体是一个高度复杂的系统。某一肢体、脏器、腺体出现的疾患会传导到相关肢体、脏器、腺体，表现为相关联机体的疾患，甚至表现为整个身心的病态。对人体的多极联动机制，中医提出了十分准确的阐述。

例证三：人造卫星是先进科技大系统，它表现为数万个零部件的有机结合。卫星发动后，各个零部件间高度精准的相互作用与反作用，形成全方位协调的关系，表现为卫星进入正常运行态。而一旦发生个别的，甚至是极微细组件的缺损或组合错误，就会出现局域运行的失调，从而引发卫星整体运行的失调，即使是非关键部位微小的失调，也会转变为总体运行失序，最终导致发射失败。

可见，按照客观规律，保持系统组织结构精准，维护系统内构件间精确的相互作用，是实现系统性质物质组合体的正常运行的先决条件。

（五）运动的多样形式

运动是物质存在的最基本的形式，或最基本属性。"运动，就最一般的意义来说，就它被理解为（物质——引者）存在的方式，被理解为物质的固有属性来说，它包括宇宙中发生的一切变化和过程，从单纯的位置移动起直到思维。"①

恩格斯是从哲学理论高度来定义"物质运动"范畴的，他论述了运动的多样形式，他说：物质的运动，不仅是粗糙的"机械运动、单纯的位置移动，而且还是热和光、电压和磁压、化学的化合和分解、生命和意识"②。

---

① 《马克思恩格斯选集》第3卷，人民出版社，1972年，第491页。
② 《马克思恩格斯选集》第3卷，人民出版社，1972年，第459页。

1. 物体的位移

按照科学抽象法，在阐明物体运动时应该从简单的运动形式的分析开始，然后进至对复杂的运动形式的分析。

简单的运动形式表现为物体位置的移动。机器发动时，机械手进行上下左右的空间位置移动，它产生力和使机器做功。物理学教科书最初章节中的杠杆原理，就是研究物体位置移动及其力学机制的。位置移动是物质运动的简单形式，也是物质运动的一般形式。生命体是"活体"，它每秒、每分不停地进行各种形式的空间位置移动；无生命物质体不断地在宇宙空域中移动和在时间隧道中变动，它从不"静止"，只是有时在人们眼观中呈现为相对的"静止"。

2. 物质体自身结构的变化

如果说物体的位置移动和变化属于简单的机械运动，这种运动不发生物质体本身结构、性能的变化。那么热、光、电、磁等运动形式，体现了物质体本身的一种变化，它引起原物质体向新物质体的转化。如物质运动的摩擦生热，机械能转化为热能，可燃物由于激烈摩擦引起燃烧，产生热、光、烟、雾、尘，这里发生了原物质结构的分解、重组和转化为新的物质体。运动引发物质结构变化最明显地表现在放射性物质上。铀 235 在核裂变运动中，一个原子核分裂成几个原子核，同时释放出中子，使别的原子核又发生核裂变，这种持续不断的链式反应，不仅会产生出巨大能量，而且不断向外释放出碘 131、铯 137、氙 133、氨 88 等新物质，并伴有大爆炸、数千度的高热、极强光线和多种辐射。

生物进化是物质运动的最复杂的形式，表现为：环境的变化会引起生物的位移，即生活地域的变化。新的环境又会引发生物物种生理结构和习性的量变与质变，引起旧物种的消亡和新物种的产生。可见，运动作为哲学范畴，其核心含义就是变化，即运动引起运动体本身结构的变化，包括原体的分解、消亡和新体的萌生和形成。用中国古代哲人的话语来讲，运动就是物体的新陈代谢，"生生不已"。

3. 思维变动与人的发展优化

唯物辩证法把思维活动规定为物质运动的特殊形式和高级形式。其表现为：

第一，思维活动是大脑的神经组织结构运行的特殊机制，其特征是非外在对象性，它是思维者的一种大脑脑象形成机制。千百年来人们把思维以及其他精神活动，视为神秘莫测的东西。当代自然科学，特别是脑神经科学的发展，揭示了思维和心理活动都不过是大脑及神经组织运行的表现形式，从而是物质运动的一种具体形式。更确切地说，是物质运动的一种最高级、最复杂的形式。

第二，思维活动的不停顿性。非生命物体作为运动中的物质，也有"静止""不变"的一面和存在势态。生命体是"活"体，生命活动生生不已，但生物在"生""活"之外，还要"止""息"。大脑则是一个"绝对活体"，它总是"不断想事"。不仅思想家日以继夜地进行逻辑思维，老百姓每日也要思计油盐柴米。对人来说，思维的归零，即大脑运行止息，也就是生命的终结。

第三，在思维活动中优化思维机器。有生命的物质体在运动中发生自身结构演变和体性优化。人在长期的思维实践中不仅创造知识，促进文明发展，而且，经受发达的思维行为锻炼的人脑组织结构和质量不断提升，人类变得越发聪明。[①]

---

① 人类学家研究发现，现代人类出现300万年以来，大脑容量增加了两倍；人脑容量为黑猩猩脑容量的三倍。

三、论恩格斯的宇宙、生命体的起源观

（一）宇宙的物质本性

恩格斯有关自然辩证法的一系列论著，立足于大自然是运动和变化中的物质的辩证唯物主义的理论，概括地阐述了西欧近代自然科学兴起过程中理论思维的演变，对宇宙的产生、形成和运动规律，从哲学角度，做出精湛的阐述，可以说恩格斯提出了辩证唯物主义的宇宙哲学大纲。

根据我的体会，恩格斯有关宇宙生成的思路是：

第一，我们的宇宙产生前，天体中物质分子逐步集聚，形成了灼热的、旋转运行的气团。

第二，在时间流逝中一个个气团开始慢慢冷却，形成了众多星体。在星体上先出现了气态物质，随着温度下降，"先变成液态，然后又变成固态"[①]，星球上的各种各样的物质体就陆续产生了。

第三，天体运动中，银河系等大星系产生，银河系运行中太阳系产生和绕日运行的地球出现。

第四，地球最初是一个灼热的星体，在地球"温度降低到至少在相当大的一部分地面上不高过能使蛋白质生存的限度，那末在其他适当的化学的先决条件下，有生命的原生质便形成了……，完全没有结构的蛋白质执行着生命的一切主要机能：消化、排泄、运动、收缩、对刺激的反应、繁殖"[②]。

第五，运动也就是变化。宇宙运动中星体生成完成后，然后进入

[①] 《马克思恩格斯选集》第3卷，人民出版社，1972年，第455页。

[②] 《马克思恩格斯选集》第3卷，人民出版社，1972年，第456页。

到衰谢，"随着太阳的衰老，热的耗竭，地球会变冷，失去运行，最后落在死寂的太阳上面……"①太阳系以外其他星系也会照此运行。②

第六，一些星体灭亡的同时另一些星体产生，不过是物质的辩证运动的宇观形式。恩格斯说："形成我们宇宙岛的太阳系的炽热原料，是按自然的途径、即通过运动的转化产生出来的，而这种转化是运动着的物质**本来具有的**，从而转化的条件也必然要被物质再生产出来，即使是在千百万年后多少偶然地、但是以那种也为偶然性所固有的必然性再生产出来。"③

坠落的天体，它耗尽的热，会通过种种途径转化到另一天体上，成为后者运行的能量。"于是我们得到这样一个结论：放射到太空中的热一定有可能通过某种途径（指明这一途径，将是以后自然科学的课题）转变为另一种运动形式，在这种运动形式中，它能够重新集结和活动起来。"④

恩格斯说：宇宙一切物体，不论它在形式上、体量上怎样变化，甚至由有变成无，也就是归于"消灭"，但"物质在它的一切变化中永远是同一的，它的任何一个属性都永远不会丧失"⑤（重点为引者所加）。

恩格斯从哲学的理论高度，论述了物质是永恒的存在，宇宙不过是物质存在的一种"宇观形式"，宇宙处在运动和"形式"变易中，但作为宇宙的本性的物质却是永恒不变和永在的。

---

① 《马克思恩格斯选集》第3卷，人民出版社，1972年，第459页。
② 《马克思恩格斯选集》第3卷，人民出版社，1972年，第461页。
③ 《马克思恩格斯选集》第3卷，人民出版社，1972年，第460页。
④ 《马克思恩格斯选集》第3卷，人民出版社，1972年，第461页。
⑤ 《马克思恩格斯选集》第3卷，人民出版社，1972年，第462页。

（二）无生命物质到有生命物质转换的路径

恩格斯根据 19 世纪生物学有关生命研究的最新成果指出：地球上有生命的原生质的蛋白质，"执行着生命的一切主要机能：消化、排泄、运动、收缩、对刺激的反应、繁殖"[1]。

在地球"温度降低到至少在相当大的一部分地面上不高过能使蛋白质生存的限度，……在其他适当的化学的先决条件下，有生命的原生质便形成了"[2]。

"也许经过了多少万年，才造成了可以进一步发展的条件，这种没有定形的蛋白质能够由于核和膜的形成而产生第一个细胞。……最初发展出来的是无数种无细胞的和有细胞的原生生物，……有一些渐次分化为最初的植物，另一些渐次分化为最初的动物。从最初的动物中，主要由于进一步的分化而发展出无数的纲、目、科、属、种的动物，最后发展出神经系统获得充分发展的那种形态，即脊椎动物的形态，而最后在这些脊椎动物中，又发展出这样一种脊椎动物，在它身上自然界达到了自我意识，这就是人。"[3]

原生生物的演化路径可以如下表述：

---

[1] 《马克思恩格斯选集》第 3 卷，人民出版社，1972 年，第 456 页。

[2] 《马克思恩格斯选集》第 3 卷，人民出版社，1972 年，第 456 页。

[3] 《马克思恩格斯选集》第 3 卷，人民出版社，1972 年，第 456 页。

恩格斯根据辩证思维，论述了由原生生物到植物，然后到动物，再到人的生命体产生和发展演变的路径。

（三）对于物质不灭的辩证认知

唯物辩证的自然观既把自然物体视为永远处在发展变动之中，又强调自然物质体的物质本体不灭。

自然物体处在运动中,动则生变,包括:（1）物体的空间位置的变化;（2）体形的变化，如形态、大小、高低的变化；（3）体性表层的变化，如质量、颜色、重量、硬度、热能、磁力、辐射等物理化学"属性"的变化；（4）物体里层结构的运动和变化。如物理学阐述的非生命物体的原子核结构，或更细微的层级结构，如量子、弦等，或生物学阐述的 DNA、蛋白质结构等的运行和变化。

16 世纪以来的自然科学研究，产生和论述了自然之本是不断变化的物质的理念，这一新理念有力地冲击着中世纪传统意识。但是迄至

17、18 世纪，西欧人们头脑中的形而上学观念仍然根深蒂固，一些人提出"物质是会死亡的，而运动是短暂的"的主张[①]，认为运动和变动的世界终将回归静止不变。宗教神学大肆煽动人们皈依教廷、求助上帝来结束世界的动乱和赐人以永生。

针对思想意识领域的混乱和迷误，恩格斯在他的一系列有关自然辩证法的论文中，阐述了新的辩证自然观，他指出：除了"一切产生的都要灭亡"以外，还有另外一面，这就是"运动不灭""物质不灭"[②]。物质的运动形式是互相转化的，这是从各门自然科学研究得出的共同结论。恩格斯说："因为在一定的条件下它们是互相转化的。物体的机械运动可以转化为热，转化为电，转化为磁；热和电都可以转化为化学分解；化学化合又可以反过来产生热和电，而由电作媒介再产生磁；最后，热和电又可以产生物体的机械运动。"[③]物质运动形式的互相转化，采用哲学的话语，就是"自然界中整个运动的统一"[④]，或物质体的同一性，也就是各种运动形式的"相通"。

从各种不同物体"运动形式"转化和"相通"出发，热力学进一步提出"能量守恒"概念。热力学论证了各种物质的单位，如克，由于运动、做功，就转化为一定的热力能量，如焦耳。假设煤炭每克的热能存量是 x 焦耳，煤炭在燃烧中消耗 50 克，同时产生了 50x 焦耳的热能，并且转化为做功的机械动能。尽管燃烧后煤炭蕴含的能量消失了 50x，但机械运动却获得了 50x 能量。可见煤炭的能量通过做功，转化形成机械能，煤炭本身热能量等于机械获得的动能。基于这一机制，

---

① 《马克思恩格斯选集》第 3 卷，人民出版社，1972 年，第 460 页。

② 《马克思恩格斯选集》第 3 卷，人民出版社，1972 年，第 495 页。

③ 《马克思恩格斯选集》第 3 卷，人民出版社，1972 年，第 499 页。

④ 《马克思恩格斯选集》第 3 卷，人民出版社，1972 年，第 526 页。

好几个科学家提出了能量守恒与转化定律的论题。尤罗·迈尔在 1842 年提出了能量守恒的原理，焦耳则用实验确定和论证了热功当量的精确值。可见能量守恒这一论题不过是古代哲学家的物质不灭命题的近代实验科学表述。尽管这一科学术语体现了精确数量思维，但毕竟是表层关系的描述。物质不灭的古典话语则包含了物质体性变化与物质本体不灭的辩证法思维，是揭示自然深层关系的更富有智慧性的哲学命题。

恩格斯指出，自然哲学具有对自然科学的指导功能，"现代自然科学必须从哲学那里采纳运动不灭的原理，它没有这个原理就不能继续存在"[①]。恩格斯从物质体的运动变化性和物质本体的不变性的辩证关系上，对这一命题进行了新的阐述，发展了辩证唯物主义的物质不灭的原理。

（四）宇宙不断发展、宇宙不灭

1. 物质存在的宇观形式

唯物辩证法将宇宙中各种形色的物体视为"物质的有限存在形式"，宇宙则是亿万物体的总合，我们将它写成如下公式：宇宙 = Σ物质体。更具体地说：宇宙是物质的一种宇观存在形式，也就是极宏大物质体，我们简称大宇宙。天文学家把银河系——其中有数千亿个星体，包括我们寓居的太阳系，与暗物质、黑洞等物质体的总合——称为宇宙。这是能借助现代强大的技术手段来观测和进行实证研究的宇宙，也就是"以银河系为边际"的宇宙。天文学家已发现银河系外还有大星系存在，在我们人类视界之外，还有没有另外的、平行的或非平行的宇

---

① 《马克思恩格斯选集》第 3 卷，人民出版社，1972 年，第 459 页。

宙呢？这样的由人类智慧思维提出的深层问题只能由辩证逻辑的哲学思维来回答。

作为自然哲学范畴的宇宙是"大宇宙"。它包括我们寓居的宇宙以外的宇宙，"不仅是存在第二宇宙"，甚至可能有第三个或更多的宇宙。恩格斯使用了"宇宙岛"概念，也就是提出了"大宇宙"论。恩格斯说："不仅我们的行星群绕着太阳运动，我们的太阳在我们的宇宙岛内运动，而且我们的整个宇宙岛也在宇宙空间中运动，和其余的宇宙岛处于暂时的相对平衡中……"[1] 此外，他还说："无限时间内宇宙的永远重复的连续更替，不过是无限空间内无数宇宙同时并存的逻辑的补充。"[2] 这里明确提到"无限空间内无数宇宙同时并存"，可以视为是一种大宇宙观。

唯物辩证法将天体视为处在永恒发展中，将物质规定为运动中的物质。要全面揭示物质运动的形式，就必须引入时间、空间的概念。（1）引入有限时间概念的运动形式。包括起点与终点的物质形式，向前运动与向后运动的物质形式，等等。（2）引入有限空间概念的运动形式。包括立体、多维体等物质形式。基于上述思维方式，我们对宇宙运动的分析，就还要引入无限时间概念和无限空间概念。我们说，某一具体物体生存于 "有限时间"里，如蜉蝣生命不过一个朝夕，昙花开花不过数小时，那么，就应该看到大宇宙存在于"无限时间里"，是消灭后又新生的永续的宇宙。同样地，我们说某一具体物质存在于有限空间里，如水鼠存在于水洞里，那么，大宇宙就存在于无限空间里，每一个宇域都有宇宙岛的存在。

---

[1] 《马克思恩格斯选集》第3卷，人民出版社，1972年，第461页。
[2] 《马克思恩格斯选集》第3卷，人民出版社，1972年，第461页。

2. 大宇宙论的实质：宇宙不灭

有关宇宙存在于无限时间和无限空间中的论题，第一，是对作为宏大物质体的宇宙的永存性的进一步的阐明，它告诉人们宏大自然物质体不灭，天长地久地存在。第二，物质的无限性，广延于寰宇，一切"空间不空"。

（五）不断发展、不断创新的大自然

唯物辩证法论述了物质的运动、变化和创新本性，阐述了一切物体永远处在发生、发展、灭亡之中，没有永恒不变、不灭之物。正如《浮士德》中说"一切产生出来的东西，都一定要灭亡"[①]。但这仅仅是事物的一个方面，另一方面唯物辩证法强调，尽管物质体由生长进入衰败，但却又不断创新、发展。

正如恩格斯所说："新的自然观的基本点是完备了：一切僵硬的东西溶化了，一切固定的东西消散了，一切被当作永久存在的特殊东西变成了转瞬即逝的东西，整个自然界被证明是在永恒的流动和循环中运动着。"[②]

古希腊哲学论述了自然界的变动不居；中国古代哲学家老子生动活泼地描述了"生生不已"的自然图景；唯物辩证法更是揭示了自然物质永恒循环中一切消失的东西又会重生。恩格斯说："太空随时都在发生的星体的产生和灭亡，不过是物质运动的一个永恒的循环……，在这个循环中，物质的任何有限的存在方式，不论是太阳或星云，个别的动物或动物种属，化学的化合或分解，都同样是暂时的，而且除

---

① 转引自《马克思恩格斯选集》第3卷，人民出版社，1972年，第458页。
② 《马克思恩格斯选集》第3卷，人民出版社，1972年，第453~454页。

永恒变化着，永恒运动着的物质以及这一物质运动和变化所依据的规律外，再没有什么永恒的东西。但是，不论这个循环在时间和空间中如何经常地和如何无情地完成着，不论有多少百万个太阳和地球的产生和灭亡，不论要经历多长时间才能在一个太阳系内而且只在一个行星上造成有机生命的条件，不论有无数的有机物一定产生和灭亡，然后具有思维的脑子的动物才从它们中间发展出来，在一个短时间内找到适于生活的条件，然后又残酷地被消灭，我们还是确信：物质在它的一切变化中永远是同一的，它的任何一个属性都永远不会丧失，因此，它虽然在某个时候一定以铁的必然性毁灭自己在地球上的最美的花朵——思维着的精神，而在另外的某个地方和某个时候一定又以同样的铁的必然性把它重新产生出来。"[①]

综上所述，恩格斯立足自然科学的新成果，对宇宙自然和有生命自然从何处来、到何处去的哲学论题做出了系统、严谨、深刻的理论阐述。这些阐述把辩证思维发展到极致，把唯物论贯穿到底，具有不可抗拒的说服力。

恩格斯论述了宇宙自然的产生、发展和向新的存在形式转化的必然性，为我们揭示出宇宙也有生和灭的既严峻又普通的自然发展法则，但他又论述了物质不灭和宇宙不断发展的创新性。

其论述既是基于自然规律对宇宙未来的科学预见，又体现了洞悉客观规律的唯物辩证法哲学对自然运行美好前景的期待和乐观主义精神。这些论述具有丰富的当代价值，是我们当前学习好并树立科学自然发展观必读的经典文献和思想指南。

---

① 《马克思恩格斯选集》第3卷，人民出版社，1972年，第462页。

（六）生命体产生需要充分的条件

生命体是怎样产生的？人类是怎样诞生的？这是从古至今一切进行自我探索的人头脑中一直存在的问题，生命神造论则是西方文化对这一问题的传统诠释。在基督教意识统摄人心的欧洲中世纪，《圣经》中叙述的上帝在伊甸园中创生出亚当和夏娃的故事和训示，使西方国家人们头脑中形成了生命神造、人由上帝创造的传统见解和任何人都不可怀疑的神圣信条。中国文化发展的路径与欧洲不同，老子《道德经》中提出了生命顺应自然产生的宇宙观，这一朴素唯物主义的生命观体现了东方智慧。

对生命来源的科学解答是近代和现代生物科学做出的。恩格斯指出：自然科学阐明了生命体是由非生命无机物质发展而来，先是最低级的有机物，然后发展为复杂的、多样的有机形态，再到"能够思维的人脑"的产生。他指出："生命是整个自然界（发展演化——引者）的结果。"[①]

生命体不同于非生命的物体，它是具有生命行为的特殊物质结构。恩格斯阐述了生命的最一般特征或本质现象："**生命是蛋白体的存在方式**，这种存在方式本质上就在于这些蛋白体的化学组成部分的不断的自我更新。"[②] 在这里，恩格斯把生命现象归结为蛋白质的自我更新过程："蛋白体从自己周围摄取其他的适当的物质，把它们同化，而体内其他比较老的部分则分解并且被排泄掉，其他无生命物体在自然过程中也发生变化、分解或结合，可是这样一来它们就不再是以前那样的东西了。岩石经过风化就不再是岩石了；金属氧化后就变成锈。

---

① 《马克思恩格斯选集》第3卷，人民出版社，1972年，第528页。
② 《马克思恩格斯选集》第3卷，人民出版社，1972年，第120页。

可是，在无生命物体中成为破坏的原因的东西，在蛋白质中却是**生存的基本条件**。……生命，蛋白体的存在方式，首先是在于：蛋白体在每一瞬间既是它自身，同时又是别的东西；……生命，即通过摄食和排泄来实现的新陈代谢，是一种自我完成过程。"① 并指出："生命的一切主要机能：消化、排泄、运动、收缩、对刺激的反应、繁殖。"②

恩格斯阐述了近代自然科学的重大发现：一切有生命的有机体是从无机物质中演化出来的，是产生自一个特殊条件下，一定物质分子间的化学过程。"生命，从它的最低形式直到最高形式，都只是蛋白体的正常的存在方式。"③ "蛋白质，生命的唯一的独立的承担者，是在整个自然联系所给予的一定条件下产生的，可是它正好是作为某种化学过程的产物产生的。"④

恩格斯说："化学已经能够制造出它确切知道成分的任何有机物。只要把蛋白质的化学成分弄清楚，化学就能着手制造活的蛋白质。"⑤ 20 世纪，蛋白质已成为医药工业产品。

20 世纪中叶以来，分子生物学研究的快速进展带来了一场伟大的"基因革命"，生物学家进一步立足于基因的生成和 DNA– 蛋白质复合体的组合机制来阐述生命体的产生。科学家已经完成对众多生物，包括人类的基因排序。在当前科学家已经开始剪接基因组、人工重构基因和完善生物基因，并将其用于医疗之中。人们对生命从何而来的认识更加具体和深入。

---

① 《马克思恩格斯选集》第 3 卷，人民出版社，1972 年，第 121 页。
② 《马克思恩格斯选集》第 3 卷，人民出版社，1972 年，第 456 页。
③ 《马克思恩格斯选集》第 3 卷，人民出版社，1972 年，第 388 页。
④ 《马克思恩格斯选集》第 3 卷，人民出版社，1972 年，第 528 页。
⑤ 《马克思恩格斯选集》第 3 卷，人民出版社，1972 年，第 527 页。

但是恩格斯关于生命体产生于某一特定条件下发生的特定化学进程中的论点，仍然是对生命起源的一种经典阐释。

（七）生命体的演化

恩格斯说：自然科学的"第二个发现——在时间上更早一些——是施旺和施莱登发现有机细胞，发现它是这样一种单位：一切（有——引者）机体，除最低级的外，都是从它的繁殖和分化中产生和成长起来的"[1]。

"（有——引者）机体从少数简单形态到今天我们所看到的日益多样化和复杂化的形态——直到人类为止的发展系列，基本上是确定了。"[2]

恩格斯指出：18世纪以来的生物科学已经对世界上最神秘之物，即生命体的产生机制做出了科学的阐释，论述了生命体是从有机物——其基本单位是细胞——发展而来，是从最早的"单细胞或无胞体原生质"，简单的、"无构造的、但有刺激感应的最低级有机体的原生质"，逐步发展演化而来；而有机物又是从无机物发展而来。生命是自然有序演化结出的果实。18世纪以来生物学家对动植物品种分化机制和过程的研究，特别是达尔文，他通过对长期实地考察获得的大量生动活泼的实证材料的深入研究，创立了物竞天择的生物进化论，阐明了地球上的生物不是上帝的创造或是绝对精神的转化，不是突发的"完美无缺"的"灵物"，而是大自然不断自然演化的产物，达尔文已经确立起唯物主义的自然发展观。

---

① 《马克思恩格斯选集》第3卷，人民出版社，1972年，第526页。
② 《马克思恩格斯选集》第3卷，人民出版社，1972年，第526页。

19 世纪天文学，已经阐述了由于太空中的物质的收缩和冷却，"一个太阳系……从一个单独的气团中发展起来"[1]。物理学阐明了物质的物理特性和物质运动的形式，热力、光力以及磁力、电力、机械力以及各种物质力的互相转化。化学阐述了物质在一定条件下的"相互化合起来"和新的化合物的产生。

正如恩格斯所言："新的自然观的基本点是完备了：一切僵硬的东西溶化了，一切固定的东西消散了，一切被当作永久存在的特殊东西变成了转瞬即逝的东西，整个自然界被证明是在永恒的流动和循环中运动着。"[2]

新的自然发展观是精神文明的支柱，但这一新的精神力量一旦产生就受到"上帝创世、造人"的唯心主义传统思维的压制，特别是受到西欧教会势力的激烈抵制和扼杀。尽管在自然科学研究队伍中已经接受和确立起唯物主义观念和立足实证的科研方法，但是传统的蒙昧观念仍旧是一个沉重的精神枷锁，即使是牛顿这样的近代伟大的经典力学理论体系集大成者，也难以摆脱唯心主义的影响，这表现在他提出的上帝是物质运动的"第一次推动力"的论题上。

当代量子论研究中，围绕着量子运行不确定性以及"量子纠缠"等现象的阐释——一些哲学家和宗教人士也积极参与讨论——出现的"意识决定物质""精神力产生宇宙"等热门话题，表现出即使是在科学昌明的当代社会，在思想意识领域中也会不时有唯心主义残渣重新泛起。这些情况表明，人类头脑中陈旧的传统思维的肃清并非易事，它也告诉我们，在大力发展实证的自然科学时，加强唯物辩证法的理

---

[1]　《马克思恩格斯选集》第 3 卷，人民出版社，1972 年，第 455 页。

[2]　《马克思恩格斯选集》第 3 卷，人民出版社，1972 年，第 453~454 页。

论思维仍是十分必要的。[①]

（八）经验自然科学也需要理论思维

恩格斯说："一个民族要想站在科学的最高峰，就一刻也不能没有理论思维。"[②] 这里的"科学"一词指的是自然科学。针对历史上和 19 世纪自然科学研究中的实际情况、成就与问题，恩格斯明确地提出了自然科学研究要顺利地开展，"就一刻也不能没有"唯物辩证法的"理论思维"，这是恩格斯有关自然哲学论述中的一个重要论题。唯物辩证法是科学的"自然哲学"的理论基础和方法论，它拥有指引实证性的自然科学研究达到更系统的理性认识的功能。恩格斯这一重要论题，不仅适合于当时，也适合于当代。

17 世纪牛顿对物质引力的研究，为近代物理学奠定了基础。17、18 世纪是物理学、化学、数学、生物学、天文学等自然科学不断发展的时期。科学家在研究方法上，采取从自然对象的客观实在出发，用实验来验证假设和理论。这种从现实出发，受实验验证的研究方法，使研究者得以避免头脑中传统观念的"先入为主"。尽管 17、18 世纪的一些杰出自然科学家的见解，还不能完全摆脱中世纪宗教唯心主义意识形态的影响，但是他们已经走向了将自然对象作为物质存在的形式来研究的正确道路，恩格斯说"他们在他们自己那门科学的范围内是坚定的唯物主义者"[③]。

唯物辩证法将世界的本体归结为物质，将物质的运行归结为辩证法式的运动。这一世界观和认识论，体现了立足客观实在，进行全面

① 参见史蒂芬·霍金：《时间简史》，湖南科学技术出版社，1995 年。
② 《马克思恩格斯选集》第 3 卷，人民出版社，1972 年，第 467 页。
③ 《马克思恩格斯选集》第 3 卷，人民出版社，1972 年，第 528 页。

观察，把握事物的本质和运行规律的思维方法。唯物辩证法是人们用来指导和获得对自然、对人类社会和对人的科学认识的思维方法。自然深层的物质性和"过程的辩证性质以不可抗拒的力量迫使人们不得不承认它"①，唯物辩证法是深化人们对自然的科学认识必须使用的正确方法。

认识世界有实证方法。自然科学家使用实证方法来研究某一自然现象、事物及其运动。通过在实验室中创设条件，进行相关实验活动，进行分析，形成假设，并且通过多次实验对假设的正确性进行验证。建立起关于某一自然现象、事物运动的公理。

自然科学从事专业化实证研究。为了长期进行科学考察，积累经验材料，也为了发明与制作复杂的实验仪器和设备，学科专业化不断推进。不仅很早就形成数学、化学、物理学、生物学、天文学、地理学等门类，而且，各个学科又进一步分化为若干分支。亚当·斯密阐述的分工提高劳动生产率的原理，在自然科学研究劳动中同样起作用。学术研究的分工加快了科学发现与发明，但是分工极细、领域极窄的实证研究，往往束缚研究者的视野，使他们"见局部而忽略整体"，使他们习惯于将对象领域一个个"分别开来"，而不是去把握事物的"同一性"、相互联系和普遍联系。一些专业人士的研究往往停留在表层而不能深入到里层，往往描述了局部，而未能表现整体，呈现出"碎片化"现象，缺乏系统性、全面性。

辩证法要求从客观世界的普遍联系性的观点去进行研究，是一种"全面观察"的思维方法，"全而不偏"是哲学家、思想家的优势。恩格斯指出，古希腊的亚里士多德，18 世纪的黑格尔，都是以辩证思维，

① 《马克思恩格斯选集》第 3 卷，人民出版社，1972 年，第 467 页。

形成了许多增进人类认知的卓越的理论成果。我们还要看到古代辩证思维之光也闪耀在东方，2000多年前老子和庄子就把鲜活的辩证思维发展到后世难以企及的高度。

我们需要再次地提及牛顿实证研究中出现的"困惑"和走"回头路"。牛顿对地球物体以及天体运行的实证方法，使他达到世界是物质的，物体具有质量、引力等实在属性，以及物体的运行从属于力学规律的科学见解。然而，由于牛顿立足于机械的自然观，他缺乏辩证理论思维，不能回答地球物体运动的动因，于是他提出自然界存在一个神秘莫测的"第一推动力"，并将其归之于"上帝的存在"。这样，牛顿由科学滑向了神秘主义。恩格斯指出了19世纪思想领域——包括自然科学界——流行的"现代唯灵论"现象，"并不是自然哲学的过度理论化，而是蔑视一切理论、不相信一切思维的最肤浅的经验论"[1]，从而使他们建立的理论存在许多局限性，特别是缺乏理论的系统性和深厚性。恩格斯说，19世纪物理学家提出的"热之唯动说曾经以新的例证支持能量守恒原理，并把这一原理重新置于最前列，这肯定是它的巨大成果，但是……笛卡尔早就提出了这一原理"。道尔顿被认为是"最先承认在质上不同的元素原子的存在，并最先认为这些元素原子具有不同的、为不同的元素所特有的重量。可是伊壁鸠鲁已经认为各种原子不仅在大小上和形态上各不相同，而且在重量上也各不相同，就是说，他已经按照自己的方式知道原子量和原子体积了"[2]。恩格斯说："自从物理学和化学又几乎专门从事分子和原子的研究以来，古希腊的原子论哲学必然地重新出现在最前列。但是它甚至被最优秀的自然科学家处

---

① 《马克思恩格斯选集》第3卷，人民出版社，1972年，第481页。

② 《马克思恩格斯选集》第3卷，人民出版社，1972年，第466~467页。

理得何等肤浅呵？"① 恩格斯说，辩证的理论思维"对理论自然科学来说是必要的，因为这为理论自然科学本身所建立起来的理论提供了一个准则"②。

20 世纪中叶以来生物分子学实现了一次可以称作"基因革命"的科学大进步。生物学研究深入到生物组织结构里层，1953 年美国生物学家沃森和英国克里克发现了脱氧核糖核酸 DNA 双螺旋体结构模型和机理，进一步揭开了生命产生和遗传基因的奥秘。

现代分子生物学，立足于生物体的基本单位——细胞的实证分析，揭示了生物细胞的组织结构，特别是发现了决定细胞性质与运行的基本物质：DNA 和遗传基因。由沃森主编的《基因的分子生物学》，就是一部以阐释生物的 DNA 结构的性质、功能、运行、调控机制、结构变异的 800 多页的巨著。该书分析了：（1）生物大分子脱氧核糖核酸的双螺旋体结构形成和自我复制机制；（2）脱氧核糖核酸双螺旋体结构的破坏与修复机制；（3）各种物质分子（核酸、氨基酸、酶、氢键）的交相作用方式和诱导机制；（4）各种物质分子作用力度的调控与误行的"纠错"机制，等等。当代分子生物学，立足于实证研究，将生物细胞遗传基质归结为一种高分子物质——脱氧核糖核酸 DNA，并将生物细胞的运行归结为相关物质间的化学过程，并对各种化学进程进行了精细的表述。但是生物体毕竟是具有生命性的物质体，因而生物分子活动也就不只是一般的物质运动，而是体现有生命性的特殊物质运动，而对生物分子行为的单纯的化学作用机制（或是加上物理作用）的分析，就还不足以揭示生物生命活动、行为的特征。特别是不能阐

---

① 《马克思恩格斯选集》第 3 卷，人民出版社，1972 年，第 466 页。
② 《马克思恩格斯选集》第 3 卷，人民出版社，1972 年，第 466 页。

释许多高级生命活动——如人类意识支配的舍己为群的"英雄"行为，等等——的奥秘。

就"分子生物学教科书"来说，喜好深层思维的挖根刨底的人会提出：

第一，脱氧核糖核酸分子运行中碱基配对是怎样产生的？体现的是否仅仅属于一般的物质运动（化学力和物理力作用）？

第二，DNA结构发生"撕裂"后的自我修复，mRNA运行中出现的"引导"和"调控"，DNA-蛋白质复合体形成中DNA性质获得"忠实表达"，这些机制应该既是超越一般生物化学进程的生命活动，也就是我们所说的"生命体行为"。如何来阐述生命体活动的本质特征？

我提出以上两个问题表明：人们要达到对宏大自然和微细自然结构的深度认识，既要依靠实验方法和物质观测手段对现实物质运动过程进行描述和研判，也要依靠哲学式的深度的逻辑思维和辩证的理论分析。正如恩格斯的阐述：对于许多自然领域和自然现象，人们不能用观察和实证来求解，"而在这里就必须用**思维**"[1]，"自然科学家们……可以从哲学在自然科学上的成就看到：哲学具有某种即使在他们自己的领域中也比他们高明的东西"[2]。

---

[1] 《马克思恩格斯选集》第3卷，人民出版社，1972年，第532页。
[2] 《马克思恩格斯选集》第3卷，人民出版社，1972年，第532页。

第二篇

关于宇宙、生命体、认知机制的笔记

第二章

关于宇宙本体的物质性

一、宇宙以物质为本体

（一）宇宙本质到底是什么？

乍一看，这一提问似乎只是哲学家的高不可攀的哲理论题。实际上普通人也会在晴朗的夏夜仰望星空，发出星星、月亮到底是什么的提问。老农也会提出粮、瓜、菜、果等究竟为何之问。应该说，宇宙到底是什么，这是实践中的人脑对终极大自然的理论探索。

宇宙本质为何物，属于世界的究竟或根本性质的问题，要圆满回答这一问题，需要确立辩证唯物主义的思想方法论，运用"舍异求同"的思维抽象，或抽取同一性，用于对自然的观察。古代哲人通过朴素的唯物辩证法的理论思维方法，做出了宇宙以物质为本体的回答。

大约在公元前 500 年之时，老子提出"道法自然"。"道生一，一生二，二生三，三生万物。"老子在这里是阐述宇宙的生成。冯友兰在《老子哲学讨论集》中说，老子所说的一是指"冲气"："在还没有天地的时候，有一种混沌未分的气，后来这种气起了分化，轻清的气上浮为天，重浊的气下沉为地，这就是天地之始。……在阴阳二气开始分化而还没有完全分化的时候，在这种情况中的气就叫做冲气。"[①]老子将天地之始，即宇宙起源归结为一种"炁"，也就是"元气"，他阐述了由"炁"生成演化出"万物"的宇宙发展观。老子的自然哲学体现了朴素的唯物论，充满辩证法，闪耀着中国智慧之光。

老子的"道"，指的是"天道"，即自然本质与规律。"道生一"，也就是说，一切自然物来自同一本原体。虽然老子没有提出"物质"概念，但可以认为他关于"万物生于一"的论题接近了宇宙物质性原理。公元前4世纪古希腊自然哲学家德谟克利特，也提出了世界林林总总的物体都是由"原子"组成的理论。成书于战国时期的医学著作《黄帝内经》阐述的金木水火土的五行理论和辩证施治的理论，既是中医对人体结构、生理机制的精湛的阐释，也是中国哲学关于物质理论的进一步阐发。可见，中外古代思想家都已经在从事对宇宙的终极结构的理论探讨，并且提出了将宇宙归结为物质"原子"或"物质本体"的朴素的唯物主义的思路。

（二）宇宙是人面对的宏观自然

首先它是一个"其大无外""无涯无边"的自然物，即大自然。它不仅包括人畜鸟兽、花草林木等地球自然物体，而且包括日、月、星、银河、黑洞、暗物质等地球外自然物体。简单地说，它是包括地球内外的所有自然物质的总和，可以写作为：宇宙 = $\sum N$。把辩证唯物主义哲学认识论有关物（事）的现象与本质的原理应用于对大自然的分析，人们会发现尽管自然物体表象上千差万别，各个物体类别、种属的性

[①] 冯友兰等：《老子哲学讨论集》，中华书局，1959年，第41页。

状不同，同类物个体形体各具特色，但一切自然物体却具有"共同"的本性——物质性。使用简明的哲学语言：万物均以物质为本体。

（三）物质本体论的要旨

我们把物质本体论的要旨规定为：（1）物体形式的多样性与本体一元性。宇宙物体大如日月星辰，天地河山，小如原子核、电子、质子、中子、夸克等均是物质的特定形式。（2）物质处在运动和变化中。它由简单的形式演化出复杂的形式，由普通物质演变为有生命的物质。对生命体来说，它由原始生物演化为高级生物。但以上这些均属于物质的形体变化，而物质的根本性质却是永恒不变的。宇宙中找不出一件超越物质本性之物，意识则是特殊物质的属性。

（四）自然哲学中物质范畴的内涵

自然哲学的物质范畴，其内涵是：（1）它是不依存于人的主观意志的客观存在。（2）它是具有确切的可验证的物理、化学属性的自然实体。

1. 实体性

实体性是物质概念的一项基本内涵。其含义是：具有可察知的形体和确切的物理、化学属性和功能。实体性意味着它是实在之物，与虚幻性相区别，是一个不依存于人们主观意志的客观实在。日月星辰、山河林木、牛羊鸡犬都是实在之物，不是任凭你说有就有，说无就无。

物质的实体性，首先表现为物的形体性，它们有形状，有体积，是一个具有排他性的空间实体。人脑海中作为外物成像产生的各种脑象，画家创制的风景、人物等艺术形象，摄影家制作的影像，即使是用高倍清晰照相机或3D技术摄制的影像，尽管栩栩如生，但却不能占有自然空间，只能是对外在物体的摹写，从而是没有实体性的精神存在。称为最新现代主义"疯狂"艺术家脑子"制作"的各种各样的怪诞、丑恶的人物像，更不是实在之物的美的形象，只不过是歪曲客观真实的"幻象"。

自然物质的实体性可以加以科学的描述和精确计量。对物质的形体性，可以用几何学的线条、三角、梯形、方圆等二维平面范畴，棱体、多面体、球体等三维或多维立体范畴，以及体积、重量、质量、速度、能量等范畴来加以计量。

作为一个哲学范畴的实体性，不同于通常人们使用的固体一词。把实体性等同固体性，这是一种片面的认识。物理学揭示了固体只是物质的一种存在形式。标准大气压力下的水，在 0℃ 以下表现为固体，0℃ 以上表现为液体，100℃ 时，标准大气压下水就会沸腾，表现为气体。关于物质固体、液体、气体三态的物理学表述也不是唯一不变的。现代物理学还有等离子态、超导态、脉冲态等。基于自然哲学的思维，应该说物质实体具有多样性，它远远不止三种形态。如网络信息产品生产，已经是现代生产的重要形式。这里提及的网络信息产品，不只是指"硬件"产品，即作为固体的计算机、手机、芯片、信息设备等，还包括作为"软件"的程序、运算、进行处理的知识与各种信息。如储存器中的知识信息含量，知识的有用性与创新性，以及知识应用的方法。这些知识、信息，尽管被称为"虚拟产品"，但它已经物化在 U 盘、储存器中，从而具有实物形态，是当代高科技创造出的"物质化、实体化的精神产品"。

2. 物体的物理化学属性

自然物质的实体性，除了表现在空间中的存在形态而外，还表现在它固有的物理、化学属性中。物理学属性如质量、速度、压强、重力、能量，等等。化学属性如凝结、沉淀、气化、电解，等等。世界上的各种物体，作为物质实体，表现在它们均具有特定的、可量化的和十分精确的物理、化学属性。对各种物质的物理、化学属性越来越全面和精确的揭示，是历代自然科学探索者，特别是近400年来自然科学家的伟大功绩。

（五）物质的内在结构

我们把形体性作为自然物质实体性的"表征"，即表层结构的性质。自然物质是一种组合物。这一组合物包括表层结构和里层结构。物质表层结构的性质属于"外在属性"，或表象性，也称现象性；里层结构的性质则属于物的根本性质，属于"内在属性"，简称"本质"。物质结构的机理，表现为里层结构的性质决定表层结构的性质。物质的形体，包括颜色、气味、声音等，均属于表层结构的性质，它是由物质的里层结构决定的。

17世纪以来自然科学家一直从事将物质剖析为基本元素的探索。俄国化学家门捷列夫用元素周期表将物质归结为63种化学元素，从分子运动层面和原子量的变化提示了一切自然物质是化学元素的组合。20世纪的现代物质结构理论，进一步将对自然物质的研究，深入到物质深层——原子核中的300多种基本粒子，以及夸克、弦等，着力于剖析物质最里层的组织结构及其运行机制。如当代理论物理学阐述了有关微观物质层结构的原理：宇宙物质的基本分子是由原子构成，原子又由原子核与电子运动构成。从这个结构看，原子核是物质分子的里层结构，由质子和中子以及其他基本粒子组成，质子又由夸克和中微子等组成。现代的生物分子理论，揭示了生命体的最里层结构是基因编码的DNA链，阐述了基因结构对生物的性状、行为方式和遗传机制的决定作用。

20世纪粒子物理学、分子生物学等学科把对自然物质体的研究推向了物质结构的更深层，如果说，当代自然科学家主要从事对自然物质的微观实证分析，他们对自然物质深层的组织结构，各种微细物质的关联性和相互作用机制进行剖析，建立了物质微观层面的粒子运行与生物DNA分子行为的理论，并且用数学精密形式加以表述。那么，作为自然哲学家，就应当立足于汲取自然科学研究的新成果，以更宽阔的视野，更有效地运用逻辑思维工具，着眼于进行物质深层结构与表层结构相统一的整体性思维，从而更深入地揭示和更严谨地表述宇宙自然物质运行，包括微观运行与宏观运行的规律。

小 结

第一，宇宙或大自然，是无生命的物体和有生命物体的总合。从宏观角度看，是巨大"物质组合或结构体"。其公式是：大自然 = ∑ 物质体。

自然物体的具体形式千差万别，但就其本质来说，它们是物质，是不依赖于人的意识的客观实在。以物质为本体是自然哲学的基本原理和出发点。

第二，宏大物质体与微细物质体。作为宏大物质体的大自然，是以细微物质体为分子的多层次的组合物，因而，要认知大自然的性质和规律，就要从微观分析开始，要首先揭示作为分子的细微物质，特别是极微细物质的结构、运行机制和功能。具体地说，要从对物质原子，包括生物分子结构的分析着手。

第三，宇宙中一切物质体的基本构成是分子，分子又由多个原子构成。原子中心为原子核。物质的本性是由原子核结构所决定。原子核是一个微粒子的多层级结构。它由质子和中子等基本粒子组成，质子和中子又是由夸克组成，此外，还存在起媒介作用的 π 介子。围绕原子核运行的是电子。物质原子是一个类似太阳系结构的微观组织，或微粒子系统，也是一台极其复杂的微“自然机器”。当代新兴的核子物理学家为剖析原子核深层结构和阐明核粒子力学性质和运行机制，进行了大量实证研究，取得了许多重大理论成果。但对于极微观自然的探索，还只能说是迈出了初步，例如夸克等微细粒子是否还能进一步细分？如何认识宇宙的多维性？都是当前正在探索的论题。要破解原子核结构的许多奥秘，不能只依靠实证方法，有效使用哲学的逻辑辨析也许能够强化人的认知能力和做出有价值的科学的预见。

原子的结构简单图示如下：

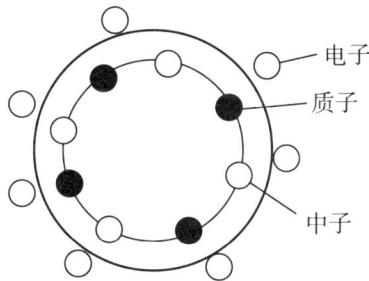

第四，物质的内生运动。物质运动是绝对的，静止是相对的。原子核是运动着的微粒子组。原子核运动包括两个层面：（1）原子核结构的旋转和振动。（2）作为原子核组成部分的质子、中子、π 介子，以及电子的运动。质子与中子在结合前，二者进行着的相向运动。π 介子在质子、中子间运动；电子在核子外层进行绕行运动。此外，微粒子从原子核结构中脱离如放射性物质中那样“衰变”，以及电子的“外逸”，均是原子核运动的具体形式。

物质的运动是在外在力和内在力相互作用下启动的。微物质体的内生运力在于微粒子结构组成因子的矛盾。如原子核的基本要素是中子和质子，二者处在"一牵一拒，此推彼挡"的相互吸引和相互排斥中，我们把这两种基本粒子间的相互作用称之为"力态"，它是正、反力的整合。原子核的运动就是在中子与质子相互之间的力的整合的表现。

如果某一物质是多个基本要素组成的结构，各个要素之间会产生力的互相交织，牵引、拉扯与揉合，最终形成一个蛛网式的体现诸力相互均衡的"力场"。如宇宙、星系等都是宏大力场。力场的形成，成为物质核结构稳定性和有规律运动的"力学"基础。

蛛网式力学均衡图示如下：

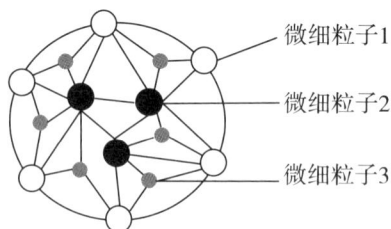

一些"活跃"物质元素的内生要素力的均衡，带有不稳定的性质，从而表现为物质运动中一些组成分子向外释放。铀、钚、镭等放射性物质就是如此。它们的原子核力场不能长期保持"力"的均衡，总有一部分粒子被排斥在"力场"之外，形成了射线。核爆炸的高温引起微粒子高速运动，会引起内生力高度集聚，导致原子核力场均衡的破坏和爆炸式重组。

第五，当代自然科学研究专业划分越来越多，分工越来越细。在研究方法上主要依靠数量分析和模型方法，虽然这种研究对自然物质的具体运行过程的描述越加精准，但对自然物质进行"总体性的"分析和严谨的理论概括存在局限性。此外，一些自然科学家缺乏辩证的理论思维。

爱因斯坦建立的相对论和 20 世纪中叶以来迅速发展的量子力学，揭示了微细物质的对立统一和相互转化，体现了科学家积极地采用辩证思维来分析微细粒子的运行。科学研究越是深入到宏观自然和微观自然的深层，科学家会发现它们面对的是无限诡异的，充满变数又有规律的大自然。如光的波动性与粒子性，正电子与负电子，物质与反物质，多维空间与一维时间，必然性与不确定性，强作用力与弱作用力，等等。对上述物质运动新形式的科学透彻的阐释，单靠实证方法和模型方法是远远不够了。当代自然科学在理论层面上的更好发展，呼唤自然哲学，呼唤辩证法的思维。

当前国外学术领域中也出现了一种有趣现象。20 世纪物理学研究进入了物质结构深层，量子物理学揭示了量子这一细微物质运动中的"量子纠缠"现象，提出了量子运行的不确定性。对微细物质运行的新形式的探讨，引发了对物质第一性还是意识第一性的理论争论。不仅宗教家、罗马教廷人士借此宣称：上帝意志决定微细物质运行是"最新量子物理研究的伟大成果"，一些科学家，包括量子物理学家也提出意识、"精神"是领先于物质的"终极力量"，一些研究人员还提出人死后灵魂在宇宙有目的运行等奇谈怪论。量子物理学研究在社会思想领域引发出唯心论沉渣重新泛起的现象，表明恩格斯在 19 世纪提出的用辩证唯物主义哲学指引自然科学理论研究的论点并没有过时。

二、论世界的物质性和物质范畴

马克思、恩格斯创立的辩证唯物主义与历史的唯物主义哲学阐述了世界的物质性这一根本原理。这一原理深刻地揭示了世界，不论是自然世界或是社会世界，其本质和基原都是物质。我们称之为物质本体论，它是科学的世界观和方法论的出发点和立足点。用这一根本哲学视野来观察自然世界，万物是物质的不同表现，万类是物质的发展演变，物处在发生、发展、变化中，但物质本体不灭。用这一根本哲学视野来观察社会界，人的劳动、吃、穿、用、住以及生儿育女等行为就属于物质生活。人类社会的发展，精神文明的提升，都是立足于生产力的进步和物质财富的丰裕。

马克思主义的物质本体论，还包含：在物质与意识的相互关系问题上，主张物质第一性，意识第二性，即存在决定意识。当然，作为辩证唯物主义的认识论，这一原理科学地揭示了各种意识、观念形式都是社会存在的主体反映和精神构建，是一种能动的反映论，它高度重视意识对物质的反作用，强调意识对人的行为的提升功能。

辩证唯物主义的自然哲学，涉及一系列范畴。下面只对7个主要范畴进行考察。

（一）物质

物质，作为唯物主义哲学的基本范畴，可以将它定义为：不依存于人的主观意志为转移的独立的客观实在，包括自然实在与社会实在。这是一个广义的定义，不仅将自然世界的对象作为物质，而且将用于人类的衣食住行的产品称为"物质生活资料"或"物质财富"[①]，将这些产品的生产和消费等活动称为"物质生产""物质生活"。

物质财富包括物质生产资料和物质生活资料。马克思创建的崭新政治经济学把物质生产作为人类社会生活——包括经济生活、政治生活、文化精神生活——的基础。恩格斯说："马克思发现了人类历史的发展规律，即历来为繁茂芜杂的意识形态所掩盖着的一个简单事实：人们首先必须吃、喝、住、穿，然后才能从事政治、科学、艺术、宗教，等等；所以，直接的物质的生活资料的生产，因而一个民族或一个时代的一定的经济发展阶段便构成为基础，人们的国家制度、法的观点、艺术以至宗教观念，就是从这个基础上发展起来的，因而，也必须由这个基础来解释。"[②]

作为自然哲学的物质的定义是狭义的，它是不依赖于人的主观意志为转移的自然存在，是自然万物具有的共同的内在基质，是具有物理属性和化学属性的自然实体。自然物质可区分为：（1）可直观的客观实在，如日月星辰、山河大地，这些是可眼观察知的物质；（2）借助科研工具可观测到的客观实在，如科学家能借助高倍望远镜洞悉上百亿光年的遥远星体的信息，观察精细原子结构和生物分子结构。（3）通过逻辑思维发现的自然实在。人脑是神妙的思维器官，它拥有最强大的认知能力。大宇宙——银河系以外的宇宙——其大无边，一些微细物质其小若无，即使是最强大的观测工具也不可能清楚察知明判。借助先进观察手段捕捉到的信息——如引力波——往往形渺痕淡，但科学家却能通过大脑的思维、计算和推理而认定和把握其客观

① 《马克思恩格斯选集》第3卷，人民出版社，1972年，第574页。

② 《马克思恩格斯选集》第3卷，人民出版社，1972年，第574页。

实在性。如爱因斯坦在1916年《广义相对论基础》中提出的引力波概念，在2017年终于为科学家使用的观测工具和方法证实。

（二）物质是结构的组合

结构是自然物质存在的形式。无论是宏大物质或是物质元素，都是由基本分子或单位组成的结构。就宏观来说，宇宙是包括大小星系、黑洞、暗物质等的宏大结构。银河系是一个密集的大星系结构，星系又由其恒星及行星组成，星体则是由火山、尘埃、干涸的河床等组成表层结构。此外，星体还有复杂的内外层结构。就微观来说，各种物质元素都是由基本粒子组合成不同的结构，更具体地说，它是由电子、中子、质子、夸克等微粒子组成的微细物质结构。

丁肇中指出1974年前物理学界认为宇宙最基本的结构是三种夸克，70年代发现几百个基本粒子，世界上至少存在6种不同的夸克。[①] 它们是上夸克、下夸克、顶夸克、底夸克、奇夸克、粲夸克。质子和中子都是由上夸克和下夸克构成，质子由两个上夸克和一个下夸克组成，而中子是由两个下夸克和一个上夸克构成。研究人员说，这两种普通的夸克以及奇夸克可以组合形成暗物质"马克罗斯"。奇夸克通常极为短命，到目前为止，科学家仅在粒子加速器里看到过它们的踪迹。

（三）物质的体性决定于其结构和运行方式

哲学概念的物质体性，指的是物体的物质结构的性质及其运行方式。无生命自然物质的物理属性，如质量、能量、密度、硬度等以及化学属性。如化合、分解等均是决定于物质原子结构的性质和内生运

[①] 《光明日报》2015年1月29日。

行方式。有生命自然物质，如动物的生命活动取决于动物的肢体、脏器、腺体的活动。生命体的一切行为都有其物质生理基础，20世纪中叶的分子生物学家揭示了生物的生理构造、性状均决定于其基因结构。

（四）物质体运动形式的多样性

物质处在运动中，没有不运动的物质。对物质运动方式，不同学科的科学家从各自的视角来进行研究。几何学家着眼于揭示物质空间变化形式，如直线形、曲线形、抛物形；物理学家着眼于分析物质"力"，物质能量变化的运动形式；化学家着眼于揭示"化合""分解"等物质分子运动形式；生物学家着眼于揭示基因、细胞、物种的生成变异等生命运动形式。自然哲学家则研究宇宙的产生和演变，有生命物质的萌生、生命体的物种演化等物质运动形式。运用辩证唯物主义的形式与内容的范畴与分析方法，我们把宇宙规定为多种多样的物质体的总合。其图式为：大自然 = ∑物质体。这一表述方式意味着宇宙万物，太阳、地球、山川平野、花草林木、人畜等物均是物质体，而其本质（体）则是物质。宇宙万物具有物质性，这就是唯物主义物质本体论的基本命题。物质是空间时间中的存在。空间的不同，意味着环境条件的不同，它决定物质体不可能一样。时间的流转，意味着物质体本身发生相应演变。可见，物质体的形式多样性与形式的不断变化是自然的必然。尽管物质体有多样形式以及其形式不断地变化，但它的物质本体性是不变的。

（五）宏大物质体与细微物质体

基于自然哲学的研究方法，自然物质分为宏大物质体与细微物质体。如宇宙就是宏大的自然物质组合体。宇宙表现为极庞大的星系

体。银河系就有超过 1000 亿个星系、2000 亿个恒星。我们可以把宇宙
称为极大星分子体（包括星际空域）加上隐形的庞大暗物质。天文学
家发现暗物质分布远远大于银河系体积（其比重为 80%）。图式为：
宇宙 = Σ（星分子体 + 暗物质 + 射线）。

　　物体的大与小，普通几何学使用"体积"概念和精确的数学公式来
加以测度。如立方体的体积 = 长度 × 宽度 × 高度，圆球体积 =4/3 π R^3
（R：半径）。科学家根据现有数据推测了宇宙的大致体积。现代天文
学家提出了多维宇宙的设想，一些科学家提出宇宙具有四维度空间。
霍金提出了七维宇宙论。基于这些假设，宇宙的大小的内涵，超越了
欧几里得的体积概念。作为哲学范畴的宇宙，其大无边，是极宏大物
质体。深切理解"宏大宇宙"之"宏大"，要求人们拥有更加广阔的
视野，革新传统的体积观念，而不能把宇宙体量限制在传统的体积范
畴所规定的量度内。应用自然哲学的理论思维，人们有理由设想第二
宇宙或多元宇宙的存在。在这一观念下，人们对中国古代哲学家庄子、
墨子、老子等提出的有关"天大无边""天无涯际""四方上下曰宇，
古往今来曰宙"等东方理论概括，就会有更新的体会。

　　现代自然科学还揭示了物质拥有多层次的结构，即各种物质体由
分子组成，分子由原子组成，原子又分为中子、质子及电子等基本粒子，
还可以进一步分为介子、夸克以及弦等。一切自然物质，均以细微粒
子为其组成单位。现代分子生物学则揭示了一切生命物体均以基因和
细胞为其分子。夸克与弦是否还有更小的组成单位？是否存在终极粒
子？理论物理学家正在进行讨论，这些问题更是属于自然哲学的论题。
庄子 2000 多年前提出"一尺之棰，日取其半，万世不竭"，这就是物
质有否"终极分子"之问和讨论的开端。

（六）无生命物质与有生命物质

大自然从来是生机勃勃。它不但生成和演化出无限多的无生命物质体：银河、星体、地球日月、山川河流、尘沙泥石，等等。而且在地球上递次演化出单细胞生物、多细胞生物、植物、动物和人类，创生出一个有生命的世界，即无限多有生命物质体的宏大组合。生命活动是有生命物质运动的形式，是物质运动的一种高级形式，它表现为自我更新、自我复制、自主调节和自主适应（环境）等行为。

（七）自然物质的多样存在形式

物质的狭义定义指自然物质，它们是具有形体、质量、能量、力、速度及其他自然属性之物，这是自然科学家的狭义的物质概念。自然哲学的物质概念既要使用狭义的物质概念，又要使用广义的物质概念。

形体是自然物质的重要表征，人们通常将物质形体归结为固体、液体、气体三种形式。其实，基于哲学的思维，形体性是多样的。

自然物有许许多多非固化形态，光既具有粒子形式，又具有波动形式，放射性物质镭、铀、钋等既有固化形，又有放射形，一些物质还具有热传导或热辐射形式，等离子体则是一种新的非固化形式。

形体性作为不依存于人的主观意识的物质存在的形式，既包括可眼观、身感的，又包括超越直接眼观和身感的，但后者能通过观测工具为人捕捉和认知。例如众多有害的或益生的细菌寄居于人体内，宇宙等离子粒子对人体进行每日数百亿个的自由穿越，对这些，人却毫无所知。

三、马克思和恩格斯论社会事物的物质性

物质是自然科学的基本范畴，也是马克思和恩格斯构建的辩证唯物主义和历史唯物主义哲学的重要范畴，世界的物质性以及存在第一性、意识第二性是马克思主义哲学的基本原理。中世纪的西欧在思想领域一直牢固地被罗马教廷制造的神学意识统治，神学家致力于宣扬上帝创造世界的神圣教义，教士们向缺食少衣的民众宣示：虔诚礼敬上帝的纯洁的精神生活，将为苦难中的子民带来最大幸福。文艺复兴以来，特别是17、18世纪的英国和法国，资本主义工业、商业兴起以及自然科学的发展，启动了社会思想领域的大变革。被视为"人学"的启蒙理论，特别是政治经济学逐渐成为显学。新的理论着力宣扬人性解放，论证人的物质欲望满足和对物质财富追求的合理性。

但是在资本主义发展滞后的德国，学术思想仍然受时髦的黑格尔唯心主义的支配。即使是那些新起的口称要进行创新历史的新哲学流派，如19世纪30年代德国的青年黑格尔主义者，他们打着哲学革新旗号，实际上却是继续坚持历史唯心主义哲学。马克思和恩格斯在1845~1846年合著的《德意志意识形态》一书中，集中批判了宣扬"意识、精神决定存在""绝对思维创造历史"的青年黑格尔唯心主义，深入地探讨和阐述了社会存在决定社会意识的唯物主义哲学的基本原理。

19世纪自然科学取得快速发展，进入系统性整理知识和做出理论性概括的阶段。物质是自然科学理论的基础范畴，自然科学的各个学科的研究对象都是物质的各种存在形式及其结构和运行的特征。马克思和恩格斯的重要理论贡献则是将物质范畴引入对社会结构和历史发展的分析之中，"物质"就成为历史唯物主义哲学的重要词语。在《德意志意识形态》一著中就使用了多种冠以"物质"的概念和词组。

第一，确立了"物质生活"概念。该著作中将社会生活分为三层：物质生活、政治生活与精神生活。与"物质生活"概念相近的词有：物质生产、物质生产方式、物质资料、物质生活资料、物质生产资料、物质工具，等等。

在该著作中马克思和恩格斯把人的物质生活需要称为社会的"第一个需要"。为满足这一需要的活动即生活必需品的生产，加上用来生产这些产品的生产工具的生产，二者构成物质生产活动，称之为"第一个历史活动"[①]。在这里，可以看见，作者已经提出了物质生产是整个社会结构的基础和社会发展的原动力的历史唯物主义基本原理。

第二，物质生产关系。马克思和恩格斯构建的用来分析社会物质生活的基本概念是"物质生产方式"，该著作明确指出物质生产方式概念内涵包括生产力与生产关系，前者是人与自然的关系，后者是人与人的关系，即社会生产关系。"生活的生产……立即表现为双重关系：一方面是自然关系，另一方面是社会关系。"[②]

马克思和恩格斯基于辩证思维，要求人们在研究社会生产时不是将其作为鲁滨逊式的孤立的人的生产行为，而是要将人与自然关系和人与人的社会关系引入考察之中，特别要分析与生产力发展息息相关的社会生产关系的规定性。政治经济学在研究分析社会的物质生产时，当然要考察生产力状况，如生产工具、机器设备的水平、劳动者状况，等等，这些要素对物质财富创造至关重要。但是生产关系——包括产品交换、消费、分配的机制——的性质对微观的生产和宏观经济运行，特别是对生产力的发展起着决定性的作用。马克思主义政治经济学的

---

① 《马克思恩格斯全集》第3卷，人民出版社，1960年，第32页。

② 《马克思恩格斯全集》第3卷，人民出版社，1960年，第33页。

特征在于重视对社会生产关系的考察和研究，《资本论》中对资本主义经济的研究的着眼点在于资本主义的生产关系。在《德意志意识形态》这一部早期著作中，马克思和恩格斯就将社会生产关系规定为一种"物质联系"[①]。

另外，他们还把"交换关系"、"商业"活动也纳入物质生产方式概念之中。

第三，人的生产。马克思和恩格斯还指出，社会的物质生活还包括"生产出另外一些人"，即"人的生产"[②]，也就是生儿育女。可见，马克思和恩格斯在《德意志意识形态》一书中充分阐述了生产活动这一社会存在的物质性论题。也就是把生产力与生产关系，以及人的衣、食、住、生育子女等生活行为都作为物质范畴的内涵，这是一个广义的、历史唯物主义哲学的物质概念的构建，它大大超越与扩大了自然科学的物质概念的内涵。

第四，青年黑格尔派主张宗教、意识、思想是人类社会的起点和决定力量。他们继承黑格尔的世界是绝对精神的产物和外化的学说，把制造新的宗教幻想作为历史的动力。马克思和恩格斯阐述了人类社会生活的根本是物质生活的生产，社会是以物质生产方式为基础，在此之上有政治、社会活动，以及意识形态生产活动，即"观念上层建筑"的形成。马克思和恩格斯着力阐述只有生产力的发展、物质生产的变革才是推进历史进步的原动力。

马克思和恩格斯提出：（1）观念是社会的人的观念；（2）社会观念产生于"物质生产"，后者是"观念的基础"。他们论证了历史

---

① 《马克思恩格斯全集》第 3 卷，人民出版社，1960 年，第 39 页。

② 《马克思恩格斯全集》第 3 卷，人民出版社，1960 年，第 32 页。

不是如青年黑格尔主义者认定的那样：人们可以通过"理论批判"来创造历史。"要真正地，实际地消灭这些词句，要从人们的意识中消除这些观念，只有靠改变条件，而不是靠理论上的演绎。"① 马克思和恩格斯把改变人们观念，实现历史变革的力量归结为人的物质生活和物质生产方式。"历史向世界历史的转变，不是'自我意识'、宇宙精神或者某个形而上学怪影的某种抽象行为，而是纯粹物质的、可以通过经验确定的事实，每一个过着实际生活的、需要吃、喝、穿的个人都可以证明这一事实。"②

"德国的哲学从天上降到地上；和它完全相反，这里我们是从地上升到天上……""我们的出发点是从事实际活动的人，而且从他们的现实生活过程中我们还可以揭示出这一生活过程在意识形态上的反射和回声的发展，甚至人们头脑中模糊的东西也是他们的可以通过经验来确定的、与物质前提相联系的物质生活过程的必然升华物。"③（重点为引者所加）

这里，马克思和恩格斯把观念、意识，即意识形态作为物质生活过程的升华物，归属于上层建筑概念。这段话中，把"人脑中的模糊的东西"，也就是各种幻想畸化的思维，也作为是植根于物质生产过程的。马克思和恩格斯指出，"不是意识决定生活而是生活决定意识"④，明确地阐述了社会存在决定社会意识的唯物主义历史观。

---

① 《马克思恩格斯全集》第 3 卷，人民出版社，1960 年，第 45 页。

② 《马克思恩格斯全集》第 3 卷，人民出版社，1960 年，第 52 页。

③ 《马克思恩格斯全集》第 3 卷，人民出版社，1960 年，第 30 页。

④ 《马克思恩格斯全集》第 3 卷，人民出版社，1960 年，第 30 页。

四、论必然性与偶然性

（一）必然性

事物的存在及其运行方式，不是无缘无故的，而是以一定的内在条件与外在条件为依据。上述内外条件一旦具备，就会有，而且不可能没有某种物或物的活动产生。图式为：（ABC…M）→K。即：条件束—物的活动。

图式中的条件束，也就是原因，物的产生与物的活动是结果，因必生果，果由因生，体现出一种必然性的联系，简称因果必然性。这种因果必然性，体现在自然世界与社会生活的物与事生成和运行的重复性和常规性中。就自然物质来说，太阳及太阳系内的行星的"质""力"和相互作用是因，行星各依其轨绕日运行是果。就有生命物质来说，春季的地表温度、阳光雨露、土壤状况、植物的性质——包括基因等是原因，植物的蓬勃生长、百花怒放是结果。

在非生命自然界，这种因果必然性不仅表现得更加鲜明，而且具有数理的精确性，成为一种"不可更易的自然铁则"。如太阳系内在太阳质量和行星质量相互作用下产生的引力决定行星绕日运行，其公转与自转速度均表现为一个精确的常数。在地球的标准大气压下，水加温到100℃出现沸腾、气化，以及各种金属在温度达到熔点时熔化。

唯心主义宣扬世界神造论，说一切事物无非是上帝安排。唯物辩证法有关因果必然联系的阐述，把宇宙内一切事物的产生和一切事物的运动、变化势态置于客观根据和现实前提之上。17世纪以来自然科学家使用的实证研究，是立足于宏观事物产生于现实条件的科学观念和思维方法。各自然学科中所确立有关自然物运行演变的"法则""定律"，都是对自然世界客观必然性的不同的表述。这种科学的自然观和思维方法，对于社会、经济等学科的发展也起了积极作用。

（二）偶然性

偶然性指那些物与事，它们体现为极大地超越同一性的差别，极大地离开常规性的特异，表现为极大地背离普遍性的个别。

宇宙中一切星体都处在产生、变化和消亡中。即使是稳定运行的星体，最终也会因内部热能耗竭失去动力，脱离轨道，转化为流星。一个稳定的星系结构和行星运行常轨也是经历许多次变化后形成的。而且，在某一时点的星体总体循序运行中，总会有大小不同的分裂体——流星——产生和进行打破常轨的运动，这种运动甚至导致星体的互撞。

可见，一个星系中星体的循轨运行总是伴随着偶然的"失序"行为。导致大部分生物——包括恐龙——灭绝的 6 千万年前小行星撞击地球，就是地球数十亿年运行中发生的最近的一次重大偶然事件。偶然性在生物演化中表现得更为鲜明。同一物种中存在"无数偶然的差别"[①]。陆地爬行的恐龙也会长出翅膀；印度一个小男孩臀上有一条短尾，如加西亚·马尔克斯的《百年孤独》中的情节一样。达尔文发现了生物同一物种中会有许多当时不能找出其原因的偶然的个体差异。我想即使当代生物学基因理论，恐怕也不可能清楚阐释恰恰是某一个男孩身上，而不是其他孩子身上会长出短尾的原因。

社会生活中的偶然性事物更多。自认倒霉的人发现他的饭碗里有一只苍蝇，孙杨在奥运会 1500 米游泳决赛前夕出现感冒，马航 M370 客机的失联，引起战争的两国边界部队的擦枪走火。这些属于负面的偶然性事物。还有一类正面的偶然性事物，如钟子期抚琴时巧遇伯乐

---

① 《马克思恩格斯选集》第 3 卷，人民出版社，1972 年，第 540 页。

的聆听和知遇，牛顿看到园内苹果落地诱发地心引力的设想，等等。"父母之命"的包办婚姻多半是必然性，自由恋爱的结合多半是偶然性，而一见钟情结为连理更不是由于人们所说的前世姻缘决定，而是偶然性的体现。

股市运行有其规律性与必然性。引领牛市的多半是业绩良好的企业，但每一只股票每日、每时市场运行状况却充满了偶然性。彩票市场中多数投机者赔光了老本，但每年也会有几个幸运儿无意随手买中了头彩。

（三）怎样认识必然性和偶然性

形而上学把偶然性和必然性视为互相排斥和绝对的对立。在他们看来，"一个事物，一个关系，一个过程不是偶然的，就是必然的"[①]。实际上他们是把那些能在理论上、从因果关系上加以说明的，称为必然性，而把他们还不能说明的称为偶然性。[②]

辩证逻辑则认为：必然性与偶然性这两个范畴，不是绝对对立的，而是既相互对立，又相互统一的。黑格尔在本体论上是唯心论者，但他在观察世界事象上使用的却是辩证法，他认为，统一的东西可以是偶然的，同时又是必然的。黑格尔提出，偶然的东西"正因为是偶然的，所以也就没有根据，偶然的东西是必然的，必然性自己规定自己的偶然性，而另一方面，这种偶然性又宁可说是绝对的必然性"[③]。对于黑格尔的这一高度辩证思维，持形而上学思维定式的科学家们视为是一种文字游戏，而不屑一顾，实际上黑格尔提出了必然的东西也会表现

① 《马克思恩格斯选集》第 3 卷，人民出版社，1972 年，第 540 页。

② 《马克思恩格斯选集》第 3 卷，人民出版社，1972 年，第 543 页。

③ 转引自《马克思恩格斯选集》第 3 卷，人民出版社，1972 年，第 543 页。

为偶然的，而偶然性的东西也有其必然性的辩证论题。

如高速行驶中两车相撞是一起偶然事件，但判明原因是：甲车超速行驶，乙车刹车失灵。两车的相撞在于两条因果联系路径发生交错。这一事件生动表明，偶然性不过是必然性的一种表现形式。如果驾驶人不按规定驾驶和维修车辆，高速公路"偶然撞车事件"就还将继续存在。而且城市车辆越多，"偶然性"撞车事件就越多。

大世界中的每个事物都按照各自的因果关联路径运行。因而上述因果关联路径交错点越是众多，偶然事件也就越是多。某一星系的运行中会出现小行星撞入和破坏星系原先的运行轨迹，地球上的生态圈中会有敌对性的生物的偶然进入和原生态秩序的遭到破坏。有众多条因果关联的物与事，在运行中发生路径交错的"偶然事件"的概率会越大。游人扔掉的烟蒂引发森林火灾；异地作物的不当引入，带来原有作物的萎灭和大面积的生态破坏。在当代芸芸众生所处的高度社会化的日常生活中，因果路径的交错更是频频发生，偶然性也就更加众多，并且成为必然性的表现形式。加深偶然性中有必然性的认识，将有助于人们在面对问题时不停留于表象，而是追根溯源、寻找引发事件产生的关键因子，确立治本之策。

（四）否定偶然性的"唯决定论"也是错误的

如果说宗教唯心主义宣扬"神造论"，否认客观世界的因果关联性，那么 17 世纪以来在西方兴起的启蒙学说中出现的"先定论"则否定和排斥偶然性。这种理论认为自然世界中一切事物、现象、过程都是"简单的直接的必然性"[①]。这种绝对必然性观点认为：

---

① 《马克思恩格斯选集》第 3 卷，人民出版社，1972 年，第 541 页。

特定事物的运行等于一切因果关系的总合。其公式为：$A= \sum A^1 A^2$（$B^1 B^2 B^3$）（$C^1 C^2 C^3$）（…）。其中，A、B、C 是事物的运行。A^1、B^1、C^1…是决定事物运行的子因果关系。

以上公式可以如下展开：

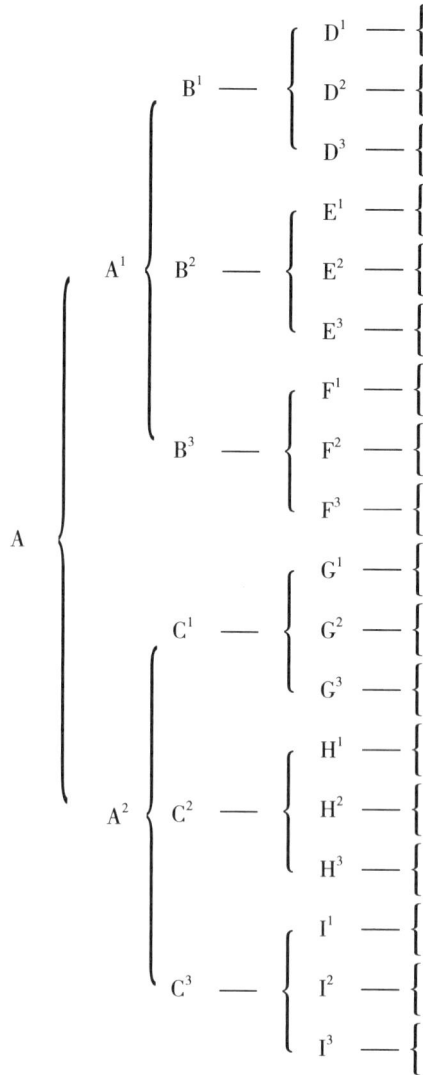

```
                                              ┌ D¹ ── {
                                      B¹ ──── ┤ D² ── {
                                              └ D³ ── {
                                              ┌ E¹ ── {
                      A¹ ─────── B² ──── ┤ E² ── {
                                              └ E³ ── {
                                              ┌ F¹ ── {
                                      B³ ──── ┤ F² ── {
                                              └ F³ ── {
        A ────┤
                                              ┌ G¹ ── {
                                      C¹ ──── ┤ G² ── {
                                              └ G³ ── {
                                              ┌ H¹ ── {
                      A² ─────── C² ──── ┤ H² ── {
                                              └ H³ ── {
                                              ┌ I¹ ── {
                                      C³ ──── ┤ I² ── {
                                              └ I³ ── {
```

上表中物 A 的行为，决定于直接原因 A^1+A^2。A^1 的行为决定于直接原因 $B^1+B^2+B^3$，B^1 的行为又决定于直接原因 $D^1+D^2+D^3$。行为的直接原因还可以再向前追溯。这样，一切自然物的行为，都是无限多因果连锁组成的大网中的一个环节；这样每一项个别事物的行为，都是由事先已经出现的和可以精确计算出的多样和多层的原因所造成和决定的。

正如恩格斯所说："这一个豌豆荚中有五粒豌豆，而不是四粒或六粒；这条狗的尾巴是五英寸长，不长一丝一毫，也不短一丝一毫；这一朵苜蓿花今年已由蜜蜂授粉，而那一朵却没有，而且这一朵还是由这只特定的蜜蜂在这一特定的时间内授粉的；这一粒特定的被风吹来的蒲公英种子发了芽，而那一粒却没有；今早四点钟一只跳蚤咬了我一口，而不是三点钟或五点钟，而且是咬在右肩上，而不是咬在左腿上——这一切都是由一种不可更动的因果连锁，由一种坚定不移的必然性所引起的事实，而且产生太阳系的气团早就构造得使这些事情只能这样产生，而不能按另外的方式发生。"[①]

那种将一切事物和过程都视为是直接的因果必然的观念，无视了世界上各种联系的复杂性，无视了既定的因果关联模式被打乱和变异的实际情况，最后导致宿命论。恩格斯说："承认这种必然性，我们也还是没有从神学的自然观中走出来"[②]，"科学如果老从豌豆荚的因果连锁方面探索这一个别豌豆荚的情况，那就不再是什么科学，而只是纯粹的游戏而已"[③]。

绝对的必然性观，是对"因果"关联的简单化理解，也必定导致宿命论。这与命相学宣扬人的今生，甚至来生的状况是由本人的生辰

---

① 《马克思恩格斯选集》第 3 卷，人民出版社，1972 年，第 541~542 页。

② 《马克思恩格斯选集》第 3 卷，人民出版社，1972 年，第 542 页。

③ 《马克思恩格斯选集》第 3 卷，人民出版社，1972 年，第 542 页。

八字，也就是由父母上世造作的"业"决定。宿命论宣扬不作为，听任"命运"摆布。"宿命论"通往宗教唯心主义。一些宗教家宣扬世界上一切物与事都是由最高的权威——上帝的意志先定和安排，是不可抗拒的，只能接受和无怨无悔地躬行。

（五）系统性与偶然性的关联

1. 大系统运行中的偶然性

辩证法的思维立足于世界、事物结构的复杂性。自然事物与社会事物都是一个复杂的结构，有如大工厂的机器体系，它包括多个层次、众多部件，轮轴、杠杆、工作手。这些内在要素不是随意的杂凑，而是一个有机的组合，各个部件、环节之间处在有机的联系之中。其整体的运动是由各局部环节运动组成。我们把上述复杂的和有机的结构称为大系统。

内在协调性是大系统的本质特征。现代企业管理学，依靠科学管理把专业分工精细的多部门具体作业纳入和变成一个各环节紧密相扣、精准契合、高度协调、有序的大系统。而现代技术生产系统，如核电站、航天器、超音速战斗机、精密制导导弹等的顺利运行，都是立足和依靠大系统各种要素相耦合和各种关系相协调的。

2. 宏大系统与偶然性

大系统的运行中也存在各种各样的偶然性。（1）内生的偶然性。大系统内部条件束数量大，如现代高科技设备，有成十万、百万个零部件。如此数量巨大的零部件束出现个别质量精度不足、部件装置整合中发生纰漏、人力操作控制中出现失误往往是难以避免的。（2）外生的偶然性。大系统外部涉及面大，来自环境的突然变化也可能引发偶然性事件。如气候突变，引发客机撞山；一群不明来源的飞鸟撞入发动机，造成飞行事故。大体地说，导致大系统偶然性的因素是：

第一，条件束的规模。系统规模越大，意味着影响系统运行的条件束的因子越多，实现协调运行难度越大。

第二，条件的不确定性。自然因素本身具有不确定性，不仅气候具有多变性，地质条件也是不确定的，宇观物质和微细物质也充满不确定性。来自自然的不确定性，成为与自然相关联事物偶然性发生的重要原因。

第三，人的行为的不稳定性。机器体系运行对内在协调的要求与人力操作的不稳定性，是大工业生产固有的矛盾，是工业偶然事故——包括交通偶然事故——出现的内在基础。这一矛盾在当代高科技设备工厂中更加突出，是核泄漏等现代重大生产事故发生的重要原因。当前的机器智能化、管理无人化，很大程度上是为减少和消除大系统中的偶然性而设计和被采用的。

可见，在理论上承认和重视偶然性，这不意味着人们只能听任偶然性的摆布，恰恰相反，承认偶然性，认真研究偶然性事件发生的规律，主动采取有效措施，实现大系统各种关系的自主协调，人完全能够做到减低生产生活中偶然发生的概率。

社会是一个更复杂的大系统，深入研究社会大系统作用束的特征，掌握负面作用因子产生的规律，防止与杜绝人为失误，是完善社会治理、保证社会和谐运行的重要条件。

当前人类进入了高知识、技术的时代，也是一个生活高度社会化的时代，各个领域偶然性事件增多和造成的危害增大，要求人们在实践中更加重视并立足科学知识，掌握与顺应客观规律，实现人对社会生活与外部自然的自主协调，大力减少大工业和高科技时代的种种风险，化解和减少物质生产中和社会化生活中的各种负面偶然性事件。

我们应该更加重视立足于掌握客观规律的"科学认知的实践",这不仅意味着人对客观必然性的顺应,而且使人获得和实现对进程的自主驾驭和赢得更大自由。

300 多年前从西欧肇始,然后在各国开展的市场化和工业化打破了农业经济时代经济的封闭性,铁路、海运、航空事业的发展,促使商品、物资、人员跨国流动,20世纪中叶以来,计算机、互联网引发的信息革命,进一步促进了商品、资本、技术、知识的全球流通。就经济运行来说,当代任何一个国家的经济都被纳入世界经济的大系统中,任何一个国家的经济活动都要受到国际经济活动势态的影响,任何一国的经济发展状况又会作用于和影响到国际经济和其他国家的经济。在当代世界经济大系统形成的大背景下,影响我国经济的外部关联因子增多了。市场主导的世界经济大系统具有内生的不稳定性,会带来更多风险,从而使经济运行中负面偶然性事件发生概率增大。在这种条件下,加强科学研究,形成通晓客观规律的科学认知,按照客观经济规律办事,就成为我们防止和减少偶然性,保证经济运行稳定增长的前提条件。

第三章

关于宇宙运行与生命体的产生

一、量变到质变与宇宙的生成

（一）物质运动与物质体的演变

宇宙是怎样生成的？面对这一问题，2000多年来不少的哲学家、神学家、科学家提出了多种理论。康德提出了天体起源于星云的理论假说。19世纪以前的哲学家还未能拥有足够的理论资源来科学阐述宇宙产生。近百年来自然科学，特别是物理学、现代宇宙学获得了巨大发展，当前为多数天文科学家认可的宇宙始源的大爆炸模型，做出如下描述：宇宙产生前的世界表现为微细粒子组成的粒子云，138亿年前内在压力极大化的粒子云发生大爆炸，在一场极速的、威力无限的粒子大撞击和细微物质大合成下形成了物质元素和宇宙。[①]

宇宙一词，指的是我们生长其中和面对的宏大自然，包括银河系

---

① 大爆炸理论的最早提出者是比利时哲学家 G.Lematre，他在 1929 年提出了原始粒子聚集发生爆炸的观点。1948 年苏联科学家 Gamow 论述了大爆炸、宇宙膨胀与物质元素形成的机制。

和河外星系等，它是物质存在的一种形式，我们称之为极宏大物质体。宇宙的产生是自然物质运行的必然结果，在本质上它是一种自然物质的形态变换。更具体地说，它是前宇宙微粒子结构的变形和重构。

基于自然哲学的视野，我们把物质作为一种结构。更具体地说：（1）物质是一个多层次结构，也就是物质体可以多次细分，直到拆分出最小的微细层次。把每一件自然物体向下层层拆分，如元素→分子→原子→原子核→电子、质子、中子（基本粒子）→夸克、弦……当代理论物理学家最新的研究表明微观粒子还可细分为费米子、轻子等；（2）物质是一个对立统一体，也就是存在正反作用的结构。如物质与反物质结构，正负电子结构，DNA 的双螺旋链结构，光的波粒二象性结构等；（3）物质结构的内在矛盾表现为吸引力与相斥力的互相交织和推移，成为物质运动的动因；（4）各种各样物质体存在着结构与运行的差别，我们称为物质体规定性或体性的差异；（5）物质体处在运动中。运动中的自然物质体结构与运行态，既要受到外在相关联物体的影响，又要受到自身内在矛盾状况的制约。在某一物体与外在作用相适应，以及物体内在的正反作用处在正常态时段，意味着这一物质的性质具有稳定性，而一旦物体与外在作用相冲突和内在矛盾的激化，就会有物体结构和性质的改变。

（二）物质的始源体与演化体

为了从哲学理论上阐明宇宙的生成，我们提出始源体和演化体这一对概念。

我们研究的出发点是：物质处在永恒的运动中。它表现在：物质体处在产生、形成和衰亡的过程中，并且物质体的结构和体性也随时间、空间的流变而发生变化。始源体指的是某一系列连续产出物的前身，也可称为母体。演化体指的是在时间中发生了体性演变的物，也称为子体。碳和氢元素在一定条件下产生碳氢化合物，碳和氢元素是始源体，而碳氢化合物就是演化体。生命体运行中植物的胚体和动物的受精卵是始源体，产生的新生命，长成的茎、叶、花果就是演化体。演化体在体性上，一方面它具有始源体固有的体性，也就是二者具有体性的同一性。多种碳氢化合物，都具有碳元素与氢元素的性质。动物与植物的演化体，包括直接演化体和间接演化体，都具有与母体相同的 DNA 结构。另一方面，由于在时间和空间不相同，从而在生存条件上发生了变化，演化体在体性上会发生新的变化和具有新的特征，因而演化体和始源体，具有体性差异性。

宇宙是一个宏大物质体，也经历了一个产生、生成的阶段，存在由始源体到演化体的转化。大爆炸前的原始微细粒子，也就是宇宙始源体，或宇宙前身。我们人类居住的地球，就可看作由许多微观物质结构组合而成，如原子核与基本粒子，它们都是作为母体的原始宇宙物质的演化体，它们具有与母体，即原始物质相同的物质性。

可见，尽管物质体的生成、发展运动会使演化体在体性发生变化，并形成新的特征，但作为来源于母体之物，演化体与母体仍然具有同一性。

宇宙运行图式可示意为：

前宇宙物质体的演变与原始粒子的积聚 → 大爆炸、宇宙基本粒子元素产生 → 宇宙初期整体结构的形成 → 地球运行生物产生、宇宙结构进一步演变 → 大宇宙中此宇宙的衰谢与彼宇宙的生成的并存

上述宇宙运行图表的第一层含义是：宇宙的生成不是"无中生有"，而是物质运行中发生的物质体演化，也就是说，宇宙产生于前宇宙始

源物体，是有其前身和始点的。第二层含义是：基于自然哲学的眼界，我们处在"此宇宙"中，宏大宇宙中总会有"彼宇宙"的产生。"此宇宙"的衰谢与"彼宇宙"的新生并存。在这个意义上作为宇宙本质的物质不会灭亡。

（三）量变到质变的规律

唯物辩证法关于量变到质变的规律，可以表述如下：物的日常的运动，表现为物体内部新因素量的增大，同时相伴随着旧因素量的衰减，即量变。当新因素积累到某一"关节点"，就会有新旧要素间矛盾的激化和结构不平衡的加剧，这时就会发生新要素急剧扩张排挤旧要素，从而使事物发生质变。

大自然万物每时每刻乃至每分每秒都在发生着物质结构的变化。碧空云彩变幻，河水流淌不息，生物细胞的新陈代谢。这些物的日常变化属于"量变"。物质体的量变的不断积累达到某一关键点，我们称之为"极值点""临界点""关节点"时，就会由原先的物质体转变为另一种物质体，也就是质变。在标准大气压下水温达到100°C时水由液态转化为蒸气，铀（U_{235}）在中子撞击下发生原子裂变，转化为钚（Pu），海水中的氢原子在高温下聚合为氘（$_2^1H$）或氕（$_1^1H$）这些都属于"质变"。

传统加工工业，如棉纺织业将棉花纺成纱，最终织成布，这里发生的是棉花性质的量变。现代高技术化工产业，借助物质的分解化合机制，创造出涤纶聚酯，加工出涤纶布、太空棉、绝缘材料，实现了原材料和产品的质变。

当代高科技在本质上是进行自然物质体的人工质变，通过新技术，人们创造出半导体、超导、强磁、石墨硒等新材料，由此创造出新原材料。

科学家通过基因剪接技术，已能实现动物基因的修复和创新，用它来改善物种，或研制出许多新药。

（四）宇宙运行中的量变到质变

宇宙是一个庞大物质体，由 2000 多亿个星体组成，是前宇宙微细粒子运行和演化过程中经历的量变到质变的产物。可以这样设想：（1）前宇宙是一个无限庞大的原始微细粒子的弥散性结构，物质的引力作用引发粒子的流动和聚合，导致大小不等的较稳定的粒子组合结构的形成；（2）引力作用下粒子组间的碰撞和再结合，引起大小、质量不一的粒子堆的出现；（3）引力作用下粒子堆的聚合，产生了某一空域中粒子堆的连片，从而形成粒子云。由此可见，前宇宙的粒子聚合是一个漫长过程，而粒子组、粒子堆、粒子云是长聚合过程中的量变，量变带来原始微粒子质量、动能的增大，从而提高了粒子引力与撞击力。

随着粒子聚合的进一步增大，粒子云内部引力越发加强，出现单位空域内大规模粒子积聚和粒子快速运行。粒子快速运行，增大了粒子碰撞频率，造成温度急剧提升。高温又带来粒子撞击力极大飙升，造成粒子云内压力的大增长。而一旦空间单位压力达到"极点"，即天文学的"奇点"时，一场物质运动的重大质变，即大爆炸就来到了。它在瞬间引发原始微粒子向宇宙基本粒子的转变和宇宙初始框架的形成。当代天文学家把这一演化的图景描绘为：物质运动这一重大质变发生于 138 亿年前，粒子云在高温下产生大爆炸，实现了 6 种夸克与 3 种电子相结合，包括外层电子对中性原子绕行和原子核结构的构建。

（五）量变到质变的多样形式

自然物体由量变到质变具有多样方式，可以呈现为量变→质变的方式，也可以表现为量变→局部质变→质变的方式。

水在标准大气压下由常温加热到100℃，发生水分子运动形式的变化，由液态水转变为气态水。这是物质演化的量变引起质变方式。雨水在凹地蓄集成坑潭、塘堰，进一步形成湖泊，分流成河川，最终汇集成海洋。坑潭、塘堰、湖泊、河川、海洋，不仅有体形的不同，而且也会有某些来自地质或环境的水体质的变化，这可以视之为地上雨水运行中的一系列局部质变。

设想一下，我们面前的物质体是一座房屋，它是砖、瓦、屋顶、屋柱、门、窗、阳台等的特殊组合。在初始居住时期，房屋部件由于使用耗损和风吹雨淋，每日每时都发生物质和体形的变化，可以看作是一种量变，但房屋结构、总体形状不会变化。经过长期使用，房屋外形、墙壁及用具变得陈旧，而且发生梁柱门窗破损。这不仅是形式变化，而且有某些"性质"变化，它属于局部质变。百年老屋会经历数次局部质变，千年古刹会经历多次局部质变。但是，如果旧房舍不进行维修，破损过度，最终将在一次暴风狂雨袭击中坍塌，化为废墟，这就是房屋发生的质变。由于宇宙结构的宏大性，它包括星系、星体、暗物质、黑洞等部件；另外，宇宙运行时间具有漫长性，因此，宇宙演化中，也会发生像房屋所经历的那样的量变→局部质变→重大质变的运行态势。

无生命物质体具有耐久性，生命体则是一个活体，适应环境自主演化是生物的本性，由此决定了生物体的多变性，在生物演化中则表现为量变→多次局部质变→质变的形式。

生命体是物质演化高级阶段的产物。原始生命体出现于36亿年前的地球上，表现为单细胞生物。生命体每分每秒都在发生细胞的分裂和新陈代谢，这属于量变。在此后漫长的时间里，生命体经历了由原始单细胞生物→多细胞生物→植物→动物→人类的类别的演变。这属于生物类别的重大质变。就同一生物类别来看，在时间流中会发生一系列物种自身的量变、局部质变到重大质变。而就同一物种来说，在时间流中又会发生若干亚种性的量变、局部质变到重大质变。此外，在同一时间段内，随着地域和环境的变化，同种生物会发生若干量变、局部质变到重大质变。以人类的进化过程为例，人类是经由猿发展进化而形成。生物科学家将人类的进化过程划分为：（1）早期猿人；（2）晚期猿人；（3）早期智人；（4）晚期智人；（5）现代人。我们从哲学的角度可以将前四个过程视为局部质变，而现代人的形成，可以视为是重大质变。

可见，由量变→多次局部质变→重大质变是生物进化的特征。地球形成 46 亿年以来，正是这样的多层级的局部质变使原先荒芜冷寂的球体变成拥有五洲七海、万类竞生，百花怒放、五彩缤纷的欢乐世界。

生命体演化图示如下：

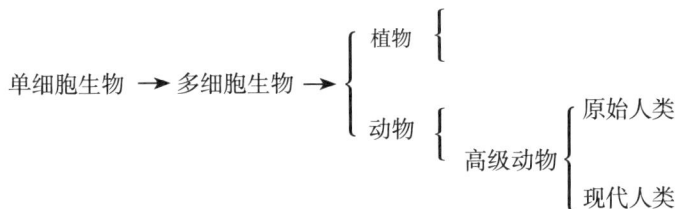

$$单细胞生物 \rightarrow 多细胞生物 \rightarrow \begin{cases} 植物 \\ 动物 \begin{cases} 高级动物 \begin{cases} 原始人类 \\ 现代人类 \end{cases} \end{cases} \end{cases}$$

二、自然物质的演变路径与演变形式

（一）自然物质体的量变到质变

宇宙是物质体的总合。物质体是分子聚合结构，物体分子的变化每时每刻都在发生。这种分子层级的变化属于量变，它不会影响物体结构的性质。分子层级的变化达到饱和点，就会出现物质体结构的变化，由原物体转变为另一物体，这就是自然物质的量变到质变的规律。地球上的山体在烈日、暴雨、狂风的消磨下发生石头风化、泥沙流失，是地表体的日常的量变。亿万年间的泥石流失带来山体力学结构变化，在达到极点时，力的再平衡引发一场山体大滑坡和结构重组，这就是地表体的质变。一切自然物质，无论是无生命物质，还是生命物质的发展与变化，都服从量变到质变的规律。而且，这一规律在自然领域表现为精准形式，它能为自然科学家发现并且做出定量、定性的描述。

宇宙自然物质的运动是以连续性和长演化为特征，由此决定了许多自然物质体的量变到质变，采取量变→局部质变→根本质变的具体形式。

第一，量变达到某一节点，发生局部结构的质变，然后，在后续的量变中引发物质体基本结构的变化，即重大质变。其图式是：量变→局部质变→重大（根本）质变。

第二，局部结构往往是多次发生，逐步递进，表现为一个局部质变系列。其图示是：量变→局部质变Ⅰ→局部质变Ⅱ……→重大（根本）质变。

我们寓居的小宇宙的形成就是采取这样的不断的量变→多次局部质变→重大质变的演化路径。更具体地说，大自然在特定时间段、特定区域出现了前宇宙微粒子逐渐聚合，形成若干微粒子堆，此后是微粒子云的形成，这属于局部质变。大约140亿年前粒子云内在能量聚集、增长达到饱和点即"奇点"时，出现了大爆炸和宇宙基本粒子的产生，这是前宇宙物质体的一次重大质变。此后，经过基本粒子多次合成，众多星系和暗物质的递次产生，这又属于局部质变。此后我们寓居的小宇宙结构的形成，则属于重大而根本的质变。作为小宇宙的分子的星系，在时间流中也处在不断的生成和衰灭中，这些星系结构的演化，同样地经历着量变→局部质变→重大质变的路径。就地球的表层地貌结构来说，它经历了多次的局部质变，才形成了今天的五大洲四大洋以及各大陆的高山、丘壑、平原、沙漠、江河组成的地表基本结构。

生命物体的演化也具有以多次局部质变导致重大质变的发展形式。由原始无细胞膜体到单细胞生物，再到多细胞生物，低级动物，有神经组织的高级动物，最终到有发达大脑的人类，体现了生物演化长过程中的一系列局部质变。而就同一物种来说，又存在多个具有体形、体质特点不同的种、属、目、类、系，它们也是经历了一系列局部质变而形成。

（二）物质演变的渐变与突变

物质体的质变有渐变和突变两种形式，渐变指较长时间内通过多次量变的积累，渐进地实现事物的质变。突变指较短时间内——包括分、秒……以量变的中断方式，也就是飞跃式实现事物的质变。

图式如下：

$$\text{量变} \longrightarrow \text{质变} \begin{cases} \text{渐进式} \\ \\ \text{飞跃式} \end{cases}$$

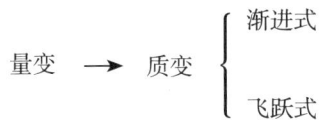

一切自然物体都是基本分子聚合物。物体处在运动中，由于内外条件的变化，物体的分子构造会发生变化。一些自然物体结构在发展中会采取新质分子逐步积累并取代旧分子，渐进地实现事物由旧质向新质的转变，这是渐进式质变方式。我们把"积土成山""积水成渊"视为大自然运动中物的质变，在这里，土到山的质变完成于自然力作用下积累、添加的最后一堆土；水到渊的质变则是完成于自然力作用下，积累、添加的最后一泓水。这是渐变式实现质变的演变路径。

自然物的另一种质变路径是：渐进＋突变式发展。液态水向气态水的质变就属于这种方式。首先，盛满冷水的锅炉在加热中，液体水分子运动加快，分子撞击率增大，这是水的逐渐的量变。在标准大气压力下，水温达到100℃时，水分子撞击力达到"关节点"，发生沸腾，即水分子结构的质变——由液态水转化为气态水出现。这里，水分子的结构的质变是瞬间发生的，它属于"突变"。

在自然界，物质分子尺度上渐进式的变化达到关节点发生质的突变，是量变到质变规律的典型实现形式。地壳板块的相互挤压造成的地下结构"应力"矛盾是恒常存在的和不断积累的。它首先表现为地壳结构的日常的细微调整和渐变，一旦地质应力矛盾积累达到极点，就会有地壳结构质的突变发生：地震的来临。

在植物世界，随着寒冬结束，气温逐步回升，植物枯枝每日生出新叶芽、结出新苞——也许人们并未察觉到这是植物日常的渐变。陡然一夜东风，一场春雨，一朝艳阳，催来百花竞放，春色满园，这就是植物突变的发生。

生物体在接触到有害化学物质后，特别是接受的放射线过量后会引发细胞癌变。2011年日本福岛核电站发生核泄漏多年后众多居民患上癌症。不少医学家认为，人体癌症显现前会有较长的癌细胞与正常细胞共存阶段，这就是说：癌症的显现只是最终的突变，突变前的人体内癌细胞的产生和蔓延，早已经开始了。

不只是癌症，其他疾病，如心血管病的心梗、脑梗的出现，只是血管系统运行中最终出现的"突变"，其实，人体内的血管病变的渐变早已发生。

（三）质变的平顺形式与激烈形式

自然物质的质变采取两种形式，平顺形式和激烈形式，许多自然物质随着分子尺度上变化的充分积累，自然而然、平顺地实现质变。如春夏秋冬的季节轮替，白昼黑夜的替换，溪流汇成江河，这些是非生命自然中的平顺形式的质变。种子发芽，嫩叶长大，花落果熟，这是植物世界的平顺而宁静的自然质变。

但是对那些组织结构具有刚性的物体来说，需要有强大变革力来实现结构的破旧立新，这种情况表现为物体质变的激烈形式。如，液体气化的沸腾形式，物体燃点的起火燃烧形式。物质体分子结构内生刚性越是强劲，实现新旧物质转换需要的冲击力就越强。而旧物质结构的分解重构和转化为新物质结构的形式就越是激烈，表现为爆发形式，如铀原子核的裂变形成重氢采取的剧烈爆炸形式。

（四）宇宙产生是自然物质运动中的一次突变

按照大爆炸理论，宇宙基础物质产生于大约 140 亿年前的一次大爆炸后的刹那之间，这是一次自然物质运行变化中的突变，而且是极端激烈形式的突变。按照我的认识，大爆炸的机理可以简述如下：

第一，前宇宙某一空域中大量原始微粒子——宇宙始源物质——的聚集。微粒子处在运动中，运动引起粒子的碰撞和碰撞力。初始的运动较缓慢，从而粒子间的碰撞发生率和粒子聚合力低，呈现出粒子分布较为均匀的粒子云堆态。

第二，粒子云堆体现的是一个粒子运动力场。力场内粒子撞击量逐步增多，撞击力同步增大，并使粒子温度增高。大约 138 亿年前，温度达到 3000 万摄氏度时，粒子运动达到极速，从而撞击率以及撞击力度达到顶点，堆内蓄积能量达到极值时，一场粒子堆大爆炸就出现了。

大爆炸是宏大自然运行中发生的一场物质的突变。大爆炸启动了宇宙物质合成、重组、再重组。首先是宇宙基础物质粒子的快速合成，也就是宏大自然物质体的一次突变。

标准宇宙模型 [①]

时间	温度（k）	时间	事件
0	无穷大	奇点	大爆炸
10^{-43} 秒	10^{38}	普朗克时期	
10^{-36} 秒	10^{28}	大统一时期	重子对称形式
10^{-6} 秒	10^{13}	强子时期	质子、反质子淹没
1 秒	10^{16}	粒子时期	正电子、电子淹没
3 秒	10^{9}	原初核合成时期	氦和氘形成
3×10^{15} 年	3×10^{3}	解耦时期	宇宙透时化

从上表可以看出，大爆炸后不到 3 秒的"瞬间"发生了宇宙中原子结构的形成，以及重氦、重氘等元素的产生。

我们把原子核视为宇宙的基础物质。在原子核基础上后续的物质合成，产生了更多的物质元素，此后是各种物质体的聚合与众多星体、星系（包括太阳系）以及暗物质的产生，也就是小宇宙结构的形成。这一系列后续物质变化和小宇宙的形成大约经历了 10 亿年。

---

① 西蒙·纽康：《通俗天文学》，商务印书馆，1947 年，第 258 页。

三、论生命体的形成

——读《基因的分子生物学》[①] 的笔记

（一）生命体形成是一个从属于物质变换规律的自然进程

生命体是一个高级物质体。首先，生命体的本体是物质，生命体的产生源于地球上某一区域的具体条件下发生的一场物质演变。更具体地说，它是36亿年前后地球某一地域内一组特定的生化物质分子——脱氧核糖核酸分子与氨基酸分子等——发生化学作用与进行合成的产物，这一化学过程的新生儿是一种具有生命行为的特殊物质。

生命体不是神灵意志的产物，不是上帝造人。生命体产生的具体路径是：（1）前生命物质体——也就是脱氧核糖核酸分子、酶、氢键等——的聚集；（2）在多种自然条件齐备条件下，上述物质分子发生化学作用，形成了脱氧核糖核酸分子双螺旋结构，即DNA；（3）在继起的核酸分子运行中，按照DNA原始模板转录（transcription）出mRNA；（4）mRNA在它的翻译（translation）功能下，与细胞内的氨基酸分子相结合，合成DNA–蛋白质复合体，它是一个完整的生命实体。可见生命体产生于一组特定的物质分子发生的相互作用中，这是一场复杂且充满矛盾，但又极为严谨、有序的化学过程，是以各种内外条件的充分具备为前提。

前生命物质分子发生生化反应的条件，可以图示如下：

[①] J.D. 沃森、T.A. 贝克等：《基因的分子生物学》，科学出版社，2009年。

作用束（自然环境）	作用力度	反应
A. 水质	A^K	
B. 水温	B^K	
C. 水压	C^K	前生命物质——核苷酸小分子整合和碱基产生，碱基配对和DNA双螺旋结构的产生。
D. 水流速	D^K	
E. 太阳辐射力	E^K	mRNA 产生。
F. 宇宙射线力	F^K	DNA–蛋白质复合体产生。
G. 地球磁力	G^K	
……		

在宇宙物质演化的自然进程中，上述物质因子的精严组合的概率是极低的，可以说是亿万年难遇，按照众多科学家持有的生命起源于水域的见解，我们把具备上述条件的地域形象地称之为生命池。

在生命池中生命体不是一刹那间产生的，而要经历一个多种多样的生化分子在交相作用中"不断活化"的过程。最初是碱基和碱基对的形成。此后是 mRNA 的形成以及 DNA 的编码的蛋白质体的创生，这一相继开展的有序的过程都体现了生化分子体的"活化"，正是这一系列化学分子的不断活化创生出具有生命属性的高级物质——生物实体，其基本分子是细胞。

（二）脱氧核糖核酸（DNA）——生命体微分子

19 世纪生物学家发现了生物细胞主要成分是蛋白质，因而初期生命科学理论主要是围绕蛋白质开展的。20 世纪中叶以来生物学研究，依靠高倍的显微镜技术，把对生物体的研究推入更深层，发现了细胞核中的更精细微分子，即脱氧核糖核酸，简称 DNA，建立起立足于 DNA 微分子结构和运行机制的现代基因生物科学理论。

　　细胞是生命体的基本单位，除病毒以外，几乎所有的生物均由细胞组成。绝大多数微生物为单细胞生物。细胞由细胞核与细胞质组成，表面有细胞膜。细胞核中载有遗传信息的是染色体，每条染色体上皆含有众多基因，如酵母约有 6000 个基因，人类基因组对是由功能各异的 23 对（共 46 条）染色体所构成，每条染色体有数百个基因。

　　现代生物化学和分子生物学认为，基因是 DNA（脱氧核糖核酸）分子结构中具有遗传效应的特定核苷酸序列的总称，是具有遗传效应 DNA 分子片段。由此我理解为：首先，它是一种化学物质，具有形体、质量、能量等属性，是具有实体性之物，而不是一个虚无缥缈的精神存在。其次，基因是一种微细物质，它的体量小，人体的细胞核直径仅为 10 ~ 15um，而人体的细胞有大量基因分子以"压缩"方式存在。生物体越复杂，基因组越大。单细胞生物基因组小于 50mb，多细胞生物基因组可以超过 1000000mb。[①] 人类基因组约有 2 万到 3 万个基因，20 世纪 50 年代美国生物学家詹姆斯·沃森和英国生物学家 F.H. 克里克发现了基因是由两条核酸分子单链结成的双螺旋（互相缠绕）体，称为核苷酸链，或核酸长链聚合物。[②]

　　核苷酸有四种不同的生物分子结构，称为碱基。DNA 构成的主要机理是碱基配对，也就是两种核苷酸分子按一定的配对规则实现有机结合，形成特定的具有稳定性的结构。[③] 配对的结果使双链上的碱基序列呈互补关系，从而形成了相互缠绕的螺旋体结构。DNA 中含有生物体遗传信息，可组成遗传指令，引导生物发育与生命机能运作，如蛋白质和核糖核酸的合成。

---

① J.D. 沃森、T.A. 贝克等：《基因的分子生物学》，科学出版社，2009 年，第 142 页。

② 1957 年 J.D. 沃森基于实证的研究揭示了核苷酸排序，阐明了 DNA–蛋白质复合体的机理。

③ "基因配对"是我为便于进行理论分析而使用的一个词。

各个生物物种体性的差别，就表现在 DNA 双螺旋结构上碱基配对所形成的遗传信息和遗传密码序列结构的差别上。

碱基配对的机制是：首先有第一链的核苷酸的产生，它的序列决定了第二链核苷酸的序列。即腺嘌呤（A），胸腺嘧啶（T），胞嘧啶（C），鸟嘌呤（G），按照 A 对 T、C 对 G 的规则一一配对，A 和 T 之间由 2 个氢键联结，C 和 G 之间由 3 个氢键联结，其中一部分碱基对组成了带有特定遗传信息和遗传密码的基因。

（三）完整的生命体的创造，DNA 的植入蛋白质

基于我们在前面的分析，DNA 已经是有生命遗传信息的物质，但是它还只是生命体的"基质"，也就是生命体体性——生物的头、四肢、五脏、体液等结构以及生理运行模式——的代码，也称为遗传密码，但尚未实体化，犹如雕塑家事先描出的肖像草图，还未在大理石上刻成雕塑实体，还需在继起的生物学和分子生物学过程中，借助 mRNA "翻译"和"转录"的功能，使 DNA 信息"刻印"入蛋白质中，形成 DNA- 蛋白质复合体，才完成了生命实体的创造。

RNA 是另一种核糖核酸分子，大多在细胞质中。RNA 与 DNA 不同，在细胞中主要以单链分子存在，即非双链体。RNA 是一个单链长分子，主要分为三类：tRNA，即转运 RNA；rRNA，即核糖体 RNA；mRNA，亦称信使 RNA。

mRNA 是对细胞中 DNA 进行转录，合成蛋白质的模板；tRNA 是对 mRNA 上的碱基序列遗传信息密码的识别者和氨基酸转运者；rRNA 是组成核糖体的结构，是蛋白质合成的工作场所。

mRNA 的职能是对 DNA 结构进行精密的转录，将其载有遗传信息的核糖体转输到蛋白质中，完成 DNA 对蛋白质中的编码，即刻印塑形，

也就是生命实体的创造。生命体是具有生命性状的物质体。以石膏像塑造为例，如果说蛋白质是一块石膏，那么，mRNA 是刻有生物形体的模板，这一模板印制出的石膏像就是具有自身形体、性状的有血有肉的原始生命体。

生命池中出现的最初的 RNA 是不完善的。RNA 首先要对 DNA 模板上碱基序列进行转录（transcription），由此合成 mRNA。在转录时，DNA 双链要解开，对模板转录与合成 RNA 后，再合拢。合成的RNA——转录有 DNA 遗传信息序列——是一个与 DNA 链保持碱基配对的单链体。转录是一个十分精确的分子运行。每增加一万个核苷酸分子发生转录错误一次，转录错误的小分子会被除去，由此保证了对 DNA 复制的高精确性。RNA 还要执行翻译职能，它表现为特定 tRNA 分子对 mRNA 进行识别和与特定氨基酸分子相结合，使其按遗传密码完成 DNA- 蛋白质体的制造。大多数生物具有 20 多种 tRNA 并可以与 20 多种氨基酸相合成。

RNA 有一个不断调控完善的过程。功能完整的 mRNA 会将携带的遗传信息运出细胞核，并进入细胞质，进行翻译和刻印而创生出蛋白质产品。如果我们把 DNA 视为产品样本，tRNA 或 mRNA 就如同工程师手中更加具体的产品加工蓝图，它用来指导自然工厂中蛋白质产品的加工塑形。

信使核糖核酸（mRNA）行使翻译的功能，使 RNA 中来自 DNA 核苷酸序列（遗传信息）被解读，产生按遗传密码排列的氨基酸顺序，它意味着 DNA- 蛋白质复合体的形成。翻译是一个比转录更为复杂和按规则进行的生化过程。

当代分子生物学家利用基因生物技术通过对 RNA 转录 DNA 的机制的深入研究，找到了对 DNA 结构进行剪接和人工重构的方法，用来改变生物遗传机制，修复因遭受破坏性作用而畸化的 DNA 和创造生物新性状，被称为基因工程，或生物工程。一些生物实验室正在进行人工合成创制 DNA 的尖端研究。当前分子生物学的这一前沿研究，意味着地球上已开始由原先的自然生命形成过程转变到人类依靠科学技术自主干预生命形成的新时期。

（四）原本体性自我复制——生命体运动的特征

非生命体在运动中表现为始原体体性的不断变化，由量变进至质变。雨水在地上汇集成潭，继后形成溪流、湖泊、江河，最后汇入大海。即便是最稳定的、能够长期维持原貌的物质实体，如巍峨的高山，也会因地壳运行而崩解，转变为丘壑。亿万年中有序运行的星体终将因能量耗尽而脱轨、解体、碎裂、转化为流星，或化为宇宙尘埃。任何物质体的运动和变化都是始原体的消亡和新物体的产生。

非生命体运行图示可以示意为：$A \rightarrow B \rightarrow C \rightarrow D \cdots \cdots$。

生命体运动和变化的特征则是原物体性的重生或复制。如在细胞层面上表现为同质的新细胞取代已消耗和死亡的旧细胞。在生物种层面上表现为谷生谷，猫生猫……在 DNA 微体结构层面则表现为 DNA 始原结构不断地被精确复制。当然，我们在这里使用的原物体性复制，是一个哲学概念，着眼于论述生物演化中始原体与继生体之间质的同一性。生物学的遗传概念的内涵，用哲学话语来表述，就是始原体与继生体在体性上的同一性。当然，辩证思维中的同一性包括有差别，是对立统一。因此，发生在物体新陈代谢中的原体性复制不意味着原物复归和结构不变。其图式为：$A \rightarrow A^1 \rightarrow A^2 \rightarrow A^3 \cdots$，$B \rightarrow B^1 \rightarrow B^2 \rightarrow B^3 \cdots$。

生命池中带有生命遗传信息的 DNA 双螺旋结构一旦形成，就开启和进行周而复始、持续不断的再生产，如春笋在雨后的树丛下连片生长，其典型是医学实验室中细菌培养基中同一细菌的几何级数式爆发生长。DNA 这种原体性再生产，在于碱基按规则配对的不断重复，后者是在生命池经历过百万年、千万年，甚至更长时间适生的环境形成和稳定后发生的。但自然世界，也就是环境条件从来是不断变化的。例如在出现有害射线和有毒物质的作用时，就会出现碱基错配行为，它引起 DNA 双螺旋结构的破损，或链条撕裂。但是作为生命体的 DNA 分子的破损结构却会进行自我修复。原结构的生成→破损→自我修复，成为 DNA 运动的特征。mRNA 的发挥模板职能，进行精准的转录、翻译，实现 DNA 在氨基酸（蛋白质）体中的忠诚表达，这些有规则的生化过程是以环境条件的稳定为前提的。一旦自然环境条件发生"逆变"，转录与翻译就会出现错误。但是在基本环境条件未遭破坏情况下，DNA 体系内和细胞内的自我修复机制会发挥作用，进行"纠错"，从而使畸变的结构得到修补或对断裂结构进行"剪除"。[①] 可见，DNA 结构依靠它的"神秘"的自我修复机制，保障了原结构的稳定性，使继起的 mRNA 的转录和翻译活动得以"忠诚"地表达 DNA 的性质，实现了 DNA 原结构以模板方式对蛋白质体的嵌入和塑形。

DNA 原体的自我复制和在蛋白质体中的"忠实"表达，实现了生物体性"遗传"和生物种的代际延续，产生了由作为始祖的始原体向一代又一代的继生体演化的生命体繁衍现象，这是一种"生生不已"的有生命物质运动形式。其图式如下：

---

① J.D. 沃森、T.A. 贝克等：《基因的分子生物学》，科学出版社，2009 年，第 283~285 页。

$$
② A-\begin{cases}
A^1\begin{cases}
A^2\begin{cases}A^3\\A^3\end{cases}\\
A^2\begin{cases}A^3\\A^3\end{cases}
\end{cases}\\
A^1\begin{cases}
A^2\begin{cases}A^3\\A^3\end{cases}\\
A^2\begin{cases}A^3\\A^3\end{cases}
\end{cases}
\end{cases}\cdots\cdots\begin{cases}
A^x\\
A^x\\
A^x\\
\\
A^x\\
A^x\\
\\
\cdots\cdots\\
\cdots\cdots
\end{cases}
$$

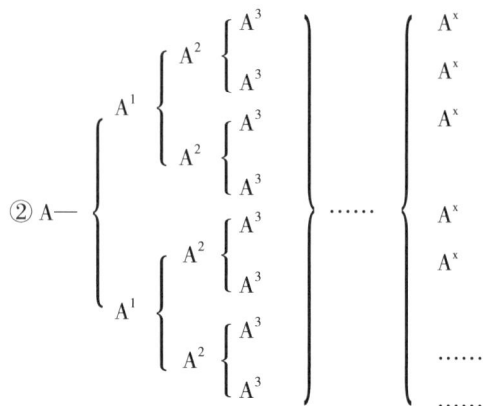

上图表明生命体由始原体 A 繁衍和演化出大量体性与始原体相同一的继起体的生物遗传过程。

（五）生命体运动的内生性

生命体作为宇宙物质演化中出现的一种高级的有生命的物质体，它与一系列相关联物质体共存共生，也就是说，它处在与相关联的非生命物质体的相互作用与反作用中。非生命物质体的运动是外铄性的，表现为外力推动。工厂机械运动是由动力机启动，农村的水轮机是由水力启动。物理学有关宇宙物质演化的主流学说认为，基本粒子以及星体、星系、暗物质等宇宙物质的起源和运行是由大爆炸启动的。地震由地壳板块挤压引发，潮汐生于地球对月球的引力，指南针偏转由于地球磁力，沙尘暴由于风力。生命体运动虽然也离不开外部作用力促进，但主要是内在力驱动，生命体运动能量的强弱和运动势态取决于内在力量，它是物质体的一种内生的运动模式。生命行为有两大类：一生长，二生殖。生命活动的日常形式是生长，也就是自我发展和演变。如植物种子发出新芽，新芽生成茎枝，枝上结出花蕾，蕾开放成花，花结出果。生殖是生命活动的另一个主要表现，如胎生动物从受精卵发育，胚胎成长，最后从子宫中分裂，成为新生的生命体。生殖是生长和生命体自我演化的另一形式。无论是生长或是生殖，作为自我发展和演化，它们都是由生命体内生力量推动的。

生长的结果表现为生命体的体量增长。如一棵树苗生长出枝、芽、叶，……最后生长成树。这是原生体体量的增长。生殖的结果表现为独立生命体数量增多。如一粒谷种结出上百粒稻谷，一些昆虫一次产出上万虫卵。不断地代际繁衍和物种进化带来继生体呈倍数地增长。正是依靠生长和生殖——包括物种进化——的机制，使36亿年前地球生命池中创生出的最早的一批带有生物遗传信息的DNA-蛋白质体，演化成当今的几乎占领全部地球体的数千万种生物，即生命大自然。

（六）受DNA规制的生物化学过程

正如经济学对国民财富的理论分析要从它的简单的形式——商品着手一样，我们对生命体的理论分析是从生物细胞内的微细物质DNA的性质及其运动特征开始。

DNA是位于细胞核深处部位的高分子聚合物，更具体地说，它是一个由4种碱基配对、联结、排列而成的双螺旋结构。这种带有遗传信息的DNA片段称为基因。带有生物遗传信息和遗传密码的基因支持着生命的基本构造和性能，储存着种族、血型、性别、孕育、生长、凋亡等过程的全部信息，演绎着生命的繁衍、细胞分裂和蛋白质合成等重要生理过程。地球上每一个生物种都有着与其他生物种不相同的、独自的基因结构。基因结构是生命体的"精髓"。它决定生物体的性状和生长、衰亡，并且把遗传信息传递到下一代。

DNA作为一个微细物质实体，一种生物大分子结构从而具有体形与体量。大肠感菌基因组的大小为 4.6mb，人体基因组大小为 3200mb。[①]

基因组中只有部分基因参与生命活动，即进行"基因表达"。单细胞生物由于其极简单的生命形式，只需动用少许 DNA 分子（基因）参与表达。"一种低等的细菌在特定的时间里也只表达某些基因——保证可以合成某些酶以代谢它所遇到的营养物，同时却不合成其他营养物所需要的酶。"[②] 这就是蓝菌以及微生物保持着很少量基因结构的原因。

DNA 是一个具有稳定性的微物质结构，具有体形、质量、能量等物质属性，又有储蓄遗传信息、携带遗传密码、指令蛋白质合成的生物属性。这些属性规定生命体的体性。DNA 一旦生成就进行着自我复制的运动。在遭受外在破坏性作用，DNA "原初结构"被"撕裂"时，还能进行自我修复。上述情况表明，DNA 已经是初始的生命体，只不过它还采取"体之精髓""体性密码"的质态，还未与蛋白质载体相结合，完成"对象化"和"实体化"。只是在 mRNA 发挥职能，进行转录、翻译将 DNA 嵌入和编码蛋白质体后，才完成了实在的"有血有肉""有精有体"的 DNA–蛋白质复合体的塑造，完成了地球有生命物质体的生成。

生命体的创生开始于 DNA 的生成，继起于 RNA 转录、翻译功能，最终完成于 DNA–蛋白质体的形成。这是一组特殊生化物质分子——核糖核酸、核苷酸、酶、氢链、氨基酸分子间开展的生物化学过程。在这一系列极其复杂的生化物质的分解、化合中创生出一种已具有生命特性

---

① J.D.沃森、T.A.贝克等：《基因的分子生物学》，科学出版社，2009 年，第 143 页。
② J.D.沃森、T.A.贝克等：《基因的分子生物学》，科学出版社，2009 年，第 824 页。

的新物质体——脱氧核糖核酸（DNA）。

DNA 生成后，它就犹如一个稳定的带有特定的遗传信息的，可以进行复制的"模板"，RNA 单链体本身是按 DNA 的模板复制的。mRNA 的翻译机制，体现出按照 DNA 的体性和要求，进行核酸分子与氨基酸分子的合成。mRNA 对 DNA 的转录的化学活动具有高度精确性，错误率为 1/10000。在 mRNA 的翻译进程中，"mRNA 也会以一定频率出现突变和损伤，这样的缺陷 mRNA 可能产生不完整和不正确的蛋白质。它们可能给细胞带来负面作用，翻译过程可以识别缺陷的 mRNA 并予以去除，或将其蛋白质产生去除"[1]。

转录和翻译过程中出错的自我校正、修复机制，体现了 DNA 对核苷酸分子与氨基酸分子相结合的一系列复杂的化学活动的规制作用。生物化学家将这一系列有规制的分子生物学活动称为"DNA 编码蛋白质"，这时又称为 DNA 在蛋白质产品中获得"忠实的表达"。

生命体通过生殖进行着父（母）体和子（女）体的代际轮替。代际轮替中 DNA 结构保持不变，也就是始原 DNA 结构向下代遗传。遗传是生命体运动和变化的特殊形式，它表明始原 DNA 对子代、孙代，即后裔体性的规制作用。遗传机制保证了地球上生物物种的长期稳定性。科学家发现距今 20 万年前的尼安德特人的 DNA 结构和现代人的 DNA 结构的差异只不过是 1%~2% 范围。

DNA 分子既有稳定性，又存在变异性，在内外环境发生变化的情况下，可以引起 DNA 结构发生变异。这种变异包括结构良变或恶变。地球上生命体产生以来在漫长过程中出现的良性演化，意味着生命体对环境的适应性的增加。在有利的外来因素出现，或是生存资源减少、

---

[1] J.D. 沃森、T.A. 贝克等：《基因的分子生物学》，科学出版社，2009 年，第 516 页。

生存竞争加剧的条件下发生 DNA 的优化组合，体现的是细胞内更多潜在基因获得调动和参与组合，其表现是生物肢体、脏器、皮肤等的发育和生理机制的多样化与完善化。

（七）作为系统的 DNA 运行中的出错和自我调控机制

我们把宇宙中那些由众多的、具有各种各样的结构和功能的有机组合物，称为系统。系统的特征是运行有序性，其表现是内在结构要素动作的相互协调，环环相扣，相互推进，相互约束。由于内外条件的变化，系统内在结构会发生矛盾，带来系统运行失序，因而需要有调控机制，以保持系统内在协调性和稳定性。工厂的机器体系是一个系统，机器运作总会出现这样那样的故障和运行失序，需要有调控器的纠错作用来加以校正，恢复和保障机器系统有序运行。越是庞大复杂的机器体系，越需要配置强大功能的调控器，来对它的多层次和多种多样活动开展调节。DNA 是一个高度组织性的有机系统，它的运行既有有序性，但另一方面，它处在内外环境因子不断变化的条件下，从而又会发生运行故障和失序。因此，需要有进行及时修复、纠错的调控机制。

机械体系的调控是由人掌管和操作的。智能机的自动化运行也是由人设定的参数，即由软件来进行调控。然而，对生命体运行的调控，则是由自然系统内生的自我调控机制来实施的。DNA 的自我调控表现在以下方面：（1）高分子化学链能"激发"分子的"活力"，强化其作用；（2）酶具有校正核酸分子读码、识别中发生的错误的功能，从而促使碱基对能够精确地复制合成蛋白质。在外在环境发生激变引起DNA 被撕裂的情况下，还会有自我修复活动的出现，它使生物分子脱离正轨的错误运行获得校正。

DNA 的自我复制是一个庞大的系统工程，它包括 DNA 的创生工程，

RNA 的转录和翻译并总装出 DNA–蛋白质复合体的工程。两大系统各有其一系列连续的工序和环节，从而构成一个复杂、有序的完整生命产品加工大系统。大系统内的各个因子相互协调、环环相扣，是基因工程活动顺利运行的前提。一方面，由于参与 DNA 复制工程的相关因子数量大，不仅包括主体的生物化学分子、化学链、酶等催化物，还包括外在因素、环境条件。另一方面，由于相关因子具有较强变异性，因而在分子实际生物化学过程中相互作用不协调，使得运行障碍总会发生。如碱基对的错配，DNA 双螺旋结构发生的"撕裂"，RNA 转录、翻译的出错，等等。大系统中上述固有的协调、有序运行的要求与实际生化过程中出现的矛盾，是由系统中的分子自我调控器来加以消除和解决的。

同样的，RNA 的自我调控表现在转录与翻译活动的速度能进行相互适应，实现协调，保障细胞的正常生长，抑制过度翻译，即超正常的"DNA 编码蛋白质"行为的出现，如通常医疗诊治时所说的生物体细胞千百倍的异常、快速增生，最终会带来癌变。

自我调控机制是生命体结构的重要组成要素。生命体是合乎规律的自然物质运行的产儿，大自然运行中的神妙之处，在于生命大系统中完善高效的自我调控机制的自然形成。DNA 结构中的自动调控器，灵活而精确地实现了 DNA 复制活动水平和此后的 DNA–蛋白质合成水平，及时化解了各个化学进程中出现的矛盾，保证了一连串生化过程从属于 DNA 结构的规制，从而在内外条件的复杂变动下，实现了 DNA–蛋白质复合体的有序创生和生物细胞稳定的新陈代谢。

四、论生命体的产生——自然物质运动中的重大质变

（一）适生条件齐备与生命前质的有效聚合

从迄至当今人们获得的信息看，我们所知道的生命体是地球发展演化到特定阶段，即大约于36亿年前的产物。生命体的出现是宇宙基质，即物质在其漫长运动中发生的一次重大质变，它意味着不同于普通物质的一种高级的、有生命的物质的诞生。对生命体的产生演化过程我可以这样描述：我们按照现代大爆炸理论来探讨宇宙的形成，大约138亿年前发生的大爆炸启动了宇宙的生成和发展，这是一个物质合成与重构的长过程，我将它分为两个时期：（1）无生命物质合成、重构时期。大爆炸以突变形式产生了基本粒子和多种化学元素，此后通过100多亿年间不断的物质合成，重构形成了我们的星体、星系、暗物质体、黑洞、宇宙射线等物质体，在48亿年前形成了地球；（2）地球上有生命物质产生与演化时期。大约于36亿年前，地球上某些地域的生命池中产生出核苷酸体的DNA、RNA以及蛋白质等原始微生命。从此以后，地球上有了生长和生殖现象，以及生物演化现象。依靠上这种生命机制，地球上多个生命池中启动了一个漫长而艰难，充满反复，但却有序的生命体演化过程，也就是由原始生命体到发达生命体，再到最高级的智慧生命体——人类的生物进化历史。①

我们把生命体形成区分为两个阶段：第一阶段，生命体前质的产生及其有效聚合；第二阶段，DNA的产生和DNA-蛋白质复合体的形成。

从更广阔的视野来看，无始又无终的浩瀚的大宇宙运行中不断地

---

① 生命科学家提出地球上的生命活动现象开始于36亿年前，一些古生物学家认为地球上最早的生物是12亿年前的真核生物红藻，最早的动物出现在6亿年前，最新的研究报告提出最早的植物出现在12亿年前。

发生物质变异，生命体的产生则是一次特殊的物质变异，它是前生命的普通物质体向有生命物质体的转换，这一场物质体性蜕变需要具备极多条件。有幸的是，我们寓居于其中的地球的某些区域——生命池，在36亿年前就出现了各种适生（命）条件齐备的状况，通过一种特有的化学、物理机制，创生出了原始生命。既然地球作为一个星体，它能够创生出生命，那么存在拥有数千亿颗星体的银河系中多半还有与地球相类似的星体和相类似的生命池，因而会有其他的生命体的创生和存在，包括我们所说的"外星人"的存在。许多年来科学家已在积极从事与外星人进行信息交流的探索，但是迄今为止，人们尚未找到地球外生命体存在的确实证据。这也表明生命体创生需要的条件极多，而各种条件齐备的概率是一个极低值。生命体的形成条件可以描述为以下方面：

（1）有如工业生产表现为原材料被加工和转化为使用价值一样，生命体的产生可以视为自然力对特殊物质材料的加工。进行生命体加工生产的原材料是特定的生化物质，如核苷酸、氨基酸等，它们由甲烷、氨等有机物质构成，我们称之为生命前质。（2）物质产品生产需要有生产场地，如车间之类。同理生命体创造也需要场地，我们称之为生命池，它很可能在某特定的海洋域。（3）由于生命前质在生命池中的有效聚集，启动了生命前质的大整合和向有生命物质的转化。（4）工厂产品创造和形成的根本力量是劳动力，而生命前质向生命物质转化的原动力是自然力，它是各种化学作用、物理作用中体现出的吸引力、排斥力、化合力、分解力、重构力等。（5）环境。生命池中的加工活动要依靠适生的自然环境，如适量的太阳的光线、温度、地球引力、宇宙射线、陨石撞击波、紫外线，等等，它们对于生命前质的运动和生命体的合成起着十分"关键的作用"。（6）其他。

（二）DNA 的生成

生命前质有效聚集与适生环境一旦出现，意味着生命体产生前提条件的具备与满足。这样，便启动了原始生命体的孕育，即 DNA 的形成。

DNA 是一种具有主动性的新物质体，它是被人们称之为生物基因的基本生化"材料"，储存着生命活动的全部遗传信息，携带着蛋白质制造的指令、密码，从这个意义上，用哲学语言讲是具有主体性的物质，即有生命品质与行为的物质。对 DNA 及其生化机制的阐明，是 20 世纪生物科学的最伟大的发现。这一理论在生化物质微分子尺度上，对生命的产生进程做出了精细的分析和阐明。

DNA 是生命的精髓和雏形，我们称之为生命之精。DNA– 蛋白质复合体则是生命的实体化和具象化，或生命实体的形成。RNA 则是 DNA 转化为蛋白质实体的中介，它将生命之精灌输于氨基酸体中和转化为体现 DNA 规定性的蛋白质体，其具体形式是细胞。可见，尽管 DNA 不直接参加细胞蛋白质的形成，但它却是形成蛋白质体的整个生化过程的物质始基，是进行蛋白质体塑造的蓝图，是规制生物蛋白质体代际再生的指令，也称为"遗传密码"或"遗传指令"。

（三）生命活动的一般特征与生命体的创生

生命体是生命前物质变化的产物，是有生命的高级物质体，生命活动则是高级物质体运动的形式。生命活动的一般特征，可以归结为以下四个方面：

1. 生长性

生命活动的要义是生，即生长。从生物科学的见地，生命活动具有两种形式：（1）生存和生长，它是通过自体与外部自然的物质互换实现自身的生存，体量、能量的增进，自身结构的完善和新陈代谢能力的提升；（2）生殖，它是生物原体中新体的孕育、成熟和从母体中分裂，转化为新的独立存在，实现生物种的延续。生物正是通过上述两种生命活动，实现了幼体转化为成熟体，始祖体转化为子体、孙体……同一物种繁衍出具有新体性的属、目、科等分支，以及同一生物分支中体性有别的个体。可见，正是生命体固有的、不停顿的生长行为，把原先僵冷荒凉的地球转化成万类竞发、生气勃勃的绿色世界。可见，从哲学的角度，应该将生命的本质视为生长，"生生不已"，也就是"一生二"，"二生三"，"三生万物"。

我们对有生命物质体的剖析，从结构和运行两个侧面入手。生命体的结构，是由细胞组成的生物体的组合，更具体地说它表现为生物的肢体、脏器、经络、体液、神经等组织。

生命体组织（结构）的特征，在于：（1）组织性，也就是它是不同细胞、肢体、器官等的紧密而精致的系统；（2）有机性。不同细胞、肢体、脏器之间存在密切的关联性。表现为互相依赖，互相作用，牵一发而动全身，从而是一个"有机的"系统和组织结构。

生命体运行的特征是"高度活性"。与普通物质体具有运动和变异性质一样，生命体是处在运动和变异中，但与普通物质体表现出相对稳定性不同，生命体是一个"活体"，处在不停顿的运行和不断的变异中。

生物体整个机体处在不停顿的运动中，如呼吸吐纳，心脏搏跳，血液循环，各种器官的生化物质代谢，生物机体对营养物的吸收与废物的排泄，等等。生物整个机体运行的不停顿性，成为生命一词的内涵。

生命体具有以细胞为微观单位的组织结构。就细胞来说，每分每秒都处在分裂和新陈代谢中。就初生生物机体来说，每时每刻都处在向婴幼、少壮、衰老、死亡的体性变异之中。成熟的生命体还要进行生殖活动和新旧世代间的结构轮替。

生长作为生命体的运动形式，包括：（1）生物体量的由小到大。如一粒谷种结出十倍、百倍的谷子，小小的树苗生长成参天大树。（2）体质的由弱到强。如结构简单的单细胞体发育、进化成器官复杂、功能完善的有机体。（3）由生存能力低下、其命如丝的原始生命，发育、成长为具有强大生命力的智慧生物。可见，包括体量、体质、体能（生命能力）在内的三个维度的增长，也就是作为哲学范畴的生命活动的内涵。

2. 原体再生性

生长活动表现为原体再生，也就是生长出自我，用现代生物学语言是生物分子自我复制。用哲学语言是"本原体与继生体的同一性"。

无生命物质的运动表现为体形的变易，即旧物质体转变为新物质体。如 A 转化为 B，B 转化为 C。如地球上的尘埃转化为沙漠、石屑、土壤，土、石则转化为山，山又转化为峻岭、丘壑，水汽转化为雾、云、雨、水流、江河、湖泊、大海。这些属于适应内外条件变化而发生的物质体形变易：由 A 变为非 A。

生长是生出自我，表现为受本原体规制的继生体的创生，确切地说是原体复制。如谷结谷，瓜生瓜，猫生猫。当然，原体复制不是指原体复归或再现，而是继生体在性质上与原体相同一，同一又包孕有差别，也就是旧我生出新我。即 A 变为 A^1、A^2、A^3。

其图式如下：

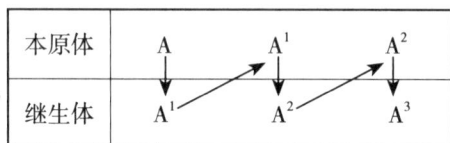

$A \rightarrow A^1 \rightarrow A^2 \rightarrow A^3$ 的过程即自我复制。

上述自我生成机制也体现在生命体特有的生殖行为中，它使有生命物质体不断地在生殖中实现原体复制，DNA结构的再生即进行遗传，实现生物种系的代际延续。

3. 行为自我发动性

生命活动是内生的运动，它以内在力为第一推动力。无生命物质体的运动，如机械体系的运动，需要有发动机的启动。地球绕日运动，主要由于太阳这一高质量天体的引力。喜马拉雅山的隆起是地球板块挤压力作用的结果。无生命物质体的运动属于外铄的，即因他起的运动。生命体运动则是内生的。"谷生谷"而不是"谷生非谷"，根本原因在于谷种的基因结构及其固有的遗传力，即按DNA密码规制谷种胚体形成、发芽、生长、结子并使新谷体现出原DNA性状。如果谷种发生霉变和DNA遭受破损，即使有良好的自然环境与良好的农事也不能引发新一轮谷的生成。这种内铄的自我生成运动，是生命体主体性的重要体现。

4. 因应环境、自我调适性

生命体作为一个物质组合中特有的生命物质，它与外在相关物体互相依存、互相制约。它的运动，一方面表现为对外在作用的反应；另一方面，作为有生命物质体，它的运动表现出自主性，也就是具有因应环境和外在条件的自主行为。

自然物对外来刺激均能做出反应。第一类是机械性反应，表现为外力作用下的、从属于某种固定不变模式的反应。如 A^1（作用）$\rightarrow B^1$（反应），A^2（作用）$\rightarrow B^2$（反应），同理，$A^3 \rightarrow B^3$。非生命物体运动中的风起引发沙扬，雨落导致水涨，都属于上述模式，是机械性作用反应机制。

另一种作用反应形式是 $Q^1 \to R^1$，$Q^1 \to R^2$，$Q^1 \to R^3$。例如，生命体运动中风起反应为鹰顺风飞，也可以另外反应为风起鹰逆风飞，还可以反应为风起鹰不飞。它属于有选择性和可变易性的自主反应，是一种生命物体具有的主体性行为。植物生长、开花、结果，在性质上都是主体性行为。而对有神经组织的生物的一切活动，它既是特定外在作用的反应，体现出因应性，更是有选择、可变易的主体行为。

因应环境进行结构和运行自我优化，是生命体的本性。生命体是特定自然环境下生命前质的活化，它对自然环境具有高度依存性。在环境条件具备时，它得以顺利生存和发展。可见，生命体一旦产生，就处在自体与环境的矛盾之中，不断进行体性自我完善，使自身结构和行为优化，从而使自体与环境更加协调，成为一切生命体内在和固有的要求，也是生命力的表现。

生命体自主因应环境，采取如下方式：

第一，因应环境的生命行为方式的变化。如植物种子春天发芽、茎长花开，秋季结果；动物的昼出夜栖和一些动物的冬眠；葵花向日开，密林中树干的向采光处生长。

第二，因应环境的生命体结构变化。生命体与环境的矛盾驱使自主的结构演变和优化。如日照强的地带动物肤色变深。热带海洋生长出五彩鱼；为适应洞穴的条件，蝙蝠发育出特殊的超声波定位的识别器官；"沙漠之舟"骆驼生长出储存水分的双胃；为对应地面肉食稀缺，恐龙长出双翅，最终演变为树栖的翼龙；为便于嚼食高树枝叶产生了长颈鹿种；从树上移居地上的类人猿逐渐形成了发达的足肢；为了应对环境压力和增进生存力，特别是应对生存竞争，人类的始源——古猿人发育出更发达和聪慧的大脑。

以上我们指出，生命行为在于生长性、自我复制性、自我发动性、自我调适性，即四性。具有四性之物，也就是生命体，或生物。

（四）核苷酸结构整合中一般物质的生命体化

现代分子生物学认为生命物质是一种高级而精巧的物质结构。在这里，我们要论证的是：在地球生命池中出现和开展的生化分子的作用过程中，更具体地说，在 DNA 碱基的形成和它的配对活动中，已经体现出生命活动的特征。在我们使用的整体分析框架中，生命体形成过程的起点是前生命物质核苷酸转化为碱基，并由碱基配对形成 DNA 结构。

第一，核苷酸最初在生命池里处于随机飘浮运动中，还是一些尚未组合化的生化分子。在特定的环境条件下，核苷酸分子结合形成三联体或四联体。

第二，碱基体是一种"活体"物质。其表现是：它具有一种有选择的寻找对象和与其配对的能力和行为。如腺嘌呤具有"识别"和"发现"胸腺嘧啶的能力并与其配对。我们认为，这是与一般物质"引力"机制不相同的生物作用机制，看来它已体现了"自主性"的行为性质。

第三，碱基对分子具有自我修补功能。在遭遇破坏性化学物质侵蚀，碱基对的结构被"撕裂"时，会启动碱基原体自我修复行为。

当代分子生物基因科学家将碱基配对现象解释为嘌呤、嘧啶等带电荷物质的"共振"，也就是一种一般物质的物理、化学作用。但我们认为：应该说脱氧核糖核酸体的这种"活性"行为，既是一种物质分子的作用，但是它已经超越了一般物质性相互作用，已经上升为一种自主性的生命活动，也就是说，碱基配对现象和过程是宇宙物质演化中一个重要关节点，它开始了无生命物质体到有生命物质体的历史性转化进程。

小　结

生命体的产生是宇宙某一区域、某一时点发生的一次物质变异，是在出现一组特定的自然作用束下，另一组特定物质体，即前生命体做出的反应。确切地说，是在外在条件和内在条件具备下出现的普通物质的生命体化，它体现了宇宙中一般物质到有生命的高级物质的重大质变。

这里我们使用了"一般物质生命体化"的哲学概念。分子生物学和基因科学在分析核苷酸性质时，使用的是"活性物质"概念。科学家们对"活性"的内涵理解不一，通常是将"活性"归结为"经常变异"性。但是体性"变异性"是一切物质体运动的共同性质。地球上的自然物质体如山、石、河、海等非生命物质体均处在变异之中，而且每时每刻均有体形的细微"量变"。如在时间流中石崖会风化，湖水会蒸发，冰雪会融化。这种一般物质均具有的"变异性"是外铄性的，它与核苷酸和 DNA 双螺旋体内的生化分子体性"内生变异"存在重大差别。

基于唯物辩证的思维，我们应该把生命体的产生和形成，视为前生命物质的"生命体化"，这是一个量变到局部质变，进至根本质变的过程。这一过程开始于生命池中的核苷酸分子合成碱基，紧接着的碱基配对和 DNA 双螺旋体的生成是一次局部质变。此后，RNA 的产生并在 mRNA 作用（转录和翻译）下，DNA–蛋白质复合体的形成，则可视为是生命体创生的完成，是一次根本质变。

第四章

关于生命体的主体性

一、生命体对环境的自主调适

（一）生命体与外部自然在体性上的同一性

第一，生命体产生于地球某一水域中的物质分子——脱氧核糖核酸 DNA 分子，以及氨基酸分子——在特殊的外在环境作用束下，发生的生化反应过程中。更具体地说，是脱氧核糖核酸分子体发生结构重组，转变 DNA 为双链螺旋体，然后 DNA 又在 RNA 分子作用下与氨基酸分子相结合，形成 DNA–蛋白质复合体，后者是完整的有生命的物质分子。

第二，生命体生存于自然环境中，一切生命活动都体现了某种特定环境的作用，表现为外来作用→反应机制。生命活动既是对外在作用的反应，但又体现有生命物体自身的要求，从而是一种体现有自主性的作用—反应模式，我们称之为自主行为。

第三，生命体是自然之子，它的体性与母体自然具有同一性，保持生命主体性与自然母体性相同一，是生命体得以生存和发展的前提。

生命体是一个独立的"活体"，它拥有与普通物质不相同的特性，这也决定了生命体与外部自然之间保持着既相统一、又相矛盾的关系。大自然既维护、滋养生命，又制约和桎梏生命。这一矛盾有时还采取对抗形式。地球在有生命物体 30 多亿年演化历史中曾经出现过许多次生物的大灭绝，它体现了生命之花在强暴的自然力摧残下的凋谢。但是作为一种高级物质的生命体，它具有一种内生的对自然环境的自我调适能力。其表现是：（1）自主进行空间移动，去寻找适合于维持自身生存的环境与地域；（2）自主优化自身机体结构；（3）改变自身行为方式。以上的体性变革，在于自主地打造出生命体与环境之间的协调性，我们称之为生命体自我调适行为，这种行为和能力，也就是生命力这一哲学范畴的含义。生命体自从创生以来，依靠生命力自主塑造和优化自身的体性和使其与自然客体相协调，从而维护生命体的持续存在和顺利运行。

（二）生命体因应环境的生理结构和行为的自主调适

DNA 已经具有自主反应和自我调节行为。如在外在环境条件变化，DNA 结构"被撕裂"情况下，基因的自我调节能力会发生作用，使始原 DNA 结构获得修复。

地球上的生物总是基于各地域的自然环境的特点而自主地调适自身的结构。人们可以看见：日照强烈的地区动物色彩绚丽，热带鱼五彩缤纷，寒带动物毛色则朴素单一。为抗御紫外线，赤道居民肤色变深。因为水少，沙漠植物躯干都长得很精瘦。只要细心观察，人们会发现一个良好的生态林植物的配置方式和生长形态都存在有一种自然秩序，这种秩序体现了共存的生物群体为争取光合作用和汲水效果最大化而进行的自主的体性调整和行为。

为了适应地球不同环境，植物和动物品类愈加多元化，植物生成百草千木，动物繁衍出昆虫、鱼类、禽类、兽类等。为增强生存能力，动物器官不断优化。草食动物，如马、牛、羊发育出平齿，肉食动物发育出尖齿，猛兽如虎、狼，则不仅有锐利的尖齿，而且有牛、马等没有的利于俘获食物的利爪。性格温驯的鹿与羚羊，发育出便于及早发现远处敌兽的灵敏听力的耳朵。为增强觅食力，深海一些鱼类长成了有众多眼珠构成的复眼。夜间活动的猫头鹰发育出夜视力。沙漠中生活的骆驼长出能大量储水的双胃。为适应树上活动，猿类分化出了长臂猿。一些生物发育出具有特异功能的器官，如海鸥能区分大海不同区域和识别回归路径。鸽子的上喙部具有感应地球磁场的功能，蟒蛇的唇窝，是一个精巧的热能感受器，其性能高于人类目前最先进的红外探测仪。[①] 这样的鬼斧神工似的生物结构和习性的自主创新，可以说与现代科技创新相比毫不逊色，它包含着迄今尚未被科学解析的秘密。

原始恐龙是一种有翼的脊椎动物，是体重超过 1 吨的巨型生物。1 亿年前，地球为森林覆盖，生存资源充裕，这是恐龙加快繁殖和体量扩张以及恐龙的地栖、草食性状形成的自然环境条件。恐龙大量消耗植物，破毁森林，与自然环境之间的矛盾不断加剧。6000 万年前，小行星撞击地球事件使恐龙与森林濒临灭绝。此后地球进入生物重生和发展期，恐龙体量变小，一些恐龙向树上觅食，开始向鸟类演变。恐龙历史上的性状的显著变化，是环境威迫下生命体自我调适行为的鲜明体现。

（三）生命体机体的完善和内在运行协调性

生物的进化表现为器官多样化、完善化、功能强化。生物多样化的器官之间体现了既互相联结又互相依存的关系。发达的生命体如动

---

① 谢强、卜文俊：《进化生物学》，高等教育出版社，2010 年，第 25 页。

物，其机体是由复杂的器官及器官附属物组成的肢体大系统。各个器官组织的有机性和运行协调性，是生物机体正常运行的前提。生命体依靠它的自我生成和自我调节功能，实现了内在组织结构的有序性和运行的协调性，从而使生物体正常的生命活动得以开展。

人的机体是一个由五大器官系统以及各种附属结构、腺体组成的大系统。五大器官是：以大脑为枢纽的神经系统，心脏血液循环系统，呼吸系统，消化系统，生殖系统。神经系统可以视为信息系统，司职整个机体运作状况信息的收集、分析、整合、传输功能。大脑是中央调控器，以大脑神经为中枢的神经系统不是与其他脏器系统相隔离的，而是贯穿于各个脏器系统之中，更确切地说，它贯穿于所有身体肢干、脏器和细胞之中，以及内脏附属物体——体液、体气以及骨骼毛发、角质之中，这一无处不在的神经网络把各脏器、各体位随时随地的结构状况、运行势态传输到大脑，经过大脑信息加工处理，形成指令，再反馈到有关器官、体位，转化为各个机体的行为。人的生命机体的正常活动随时都会遭受自然环境变化的干扰，它的内生运动也经常出现由外部作用引发的多种矛盾，正是依靠其发达的大脑神经结构的调控功能，引导、驱动体内各种生化机制和脏器功能的及时调整，使人体大机器得以经常保持内部组织有序性和运行协调性。可见，经历30多亿年的生物演化和数十万年的原始人类演化，最终在现代人身上完成了精巧、高效的自主调控的人身大机器的塑造，这是人类在大自然严厉的威迫下不仅得以安身立命而且得以创造出灿烂的人类文明的物质、生理基础。

二、生命主体与自然客体的对立统一

（一）生命体与外部自然的对立统一关系

任何一种生命体生存于自然环境或外部自然中。外部自然包括：（1）作为生命体的寓所的自然：土壤、水体、日照、温度、湿度、大气压力等；（2）在生命体产生后，其他生命体——植物与动物的状况——也是外部自然的组成因素。与外部自然共存和互相联结，是生命体的存在形式。用哲学话语来表达就是：生命体与外在自然是一对矛盾，二者是对立的统一关系，具体地说是生命体与自然相互依存，相互作用或相互促进，相互制约。

地球最初是一个高热星体，是排斥生命体的。生命体是特定自然环境的产物，适合生存的自然是生命体之母。大约 36 亿年前，生命体产生后，自然一分为二，一方面是有生命的自然物体，即生命体。另一方面是与生命体相关联的外部自然，即自然环境。生命活动需要适应生命体本性的自然环境：（1）寓居自然环境的适生性，如水源的充足、空气中的含氧度、日光亮度、温度的适宜；（2）食物供应与幼仔生存环境的适应性，等等。由于自然环境处在不断变易中，适生的条件转化为逆生的条件会经常发生。生命体诞生以来无时无刻不处在自然的压力下，弱势的生命体与强势的大自然的矛盾，成为地球生命初生时期生命世界的主要矛盾。

（二）生命主体与自然客体的相互协调关系的形成

生命体产生于相关自然环境具有适生性的条件下，原始生命是在地球上的生命池中产生的，适应于生命活动的自然条件束的形成，是生命诞生的物质前提。在适生的环境下，生命池中出现了外在环境与生命体行为的相互适应。

这种主体和客体相统一的关系，鲜明地呈现在成熟的生态圈内。在那里存在着：（1）生物群体与自然环境的统一；（2）不同生物物种结构与数量间的统一。上述统一体现在各种生物稳定生长、繁衍活动中。我们可以看见，不仅仅是在那些未受破坏的热带雨林或是非洲生态植被完好的大草原存在这种主客二体相统一的关系，现代化农场也在致力于培育主客二体相统一的生态体系。即便是在生物科学和医学实验室的细菌培养基中，甚至在人畜体内的益生菌寓所，也体现有这种主客二体相统一的关系。

（三）外在环境与生物体性质相矛盾，表现为互相排斥

无论是环境或是生命体都处在不断变动中。一方面，生命体所依存的自然环境变动不停。初始地球处在高温下，需要温度降下来和适生的自然环境的形成，这要经历一个漫长的过程。另一方面，生命体是一个活体，它固有的损他求存的本性，会产生损害自然环境的行为，这就决定了主客二体相统一只是相对的、暂时的，二者相矛盾和对立则是绝对的、经常的，并且会随着情况的变化转变为生物与自然二体相对抗。如地壳裂变、火山爆发、外星撞击、极寒天气等一旦发生，都会使欢腾的生命绿洲转化为死寂的沙漠。可见，生命体一直都面对着环境的巨大压力，特别是初始的生命体处在更严酷的自然桎梏之下。在微小生命体与强暴大自然共存的势态下，能否增强对环境的自主适应能力，就成为生命体能否维系其生存和延续其生命的关键。

大自然演化的奇妙在于生命体一旦形成，就表现出它对外在条件进行自主适应的积极秉性。在形成脱氧核糖核酸（DNA）–蛋白质复合体的化学过程中，核酸体与蛋白质等因子已经显示出它的识别、选择

作用对象等行为的"自主性"。原始生物如海水中的蓝菌，具有游离不适合水域而向最适合开展细胞新陈代谢的水域聚合的本性。生命体的自主行为本质上在于实现生命体性质与环境作用的相互协调，谋求主体与客体的统一。

生物自主适应环境的行为，图式如下：

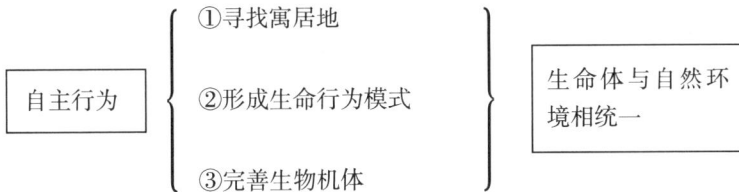

自主行为 { ①寻找寓居地 ②形成生命行为模式 ③完善生物机体 } 生命体与自然环境相统一

寻求使自身性质与自然环境相协调的居域的能力。海洋中浮游生物、鱼类具有向宜居水域游动和聚集的本性。植物具有趋光性、向阳性，趋向温度、水分充分的地域生长。牛羊向水草丰茂地域迁移，大雁南飞过冬，上述生物居所移变行为，体现出生命体对环境的自主适应行为。

促使自身性质与环境相适应的生活模式。为接受日照、猎取食物以及休息，大多数动物白昼活动，夜间栖息。植物白昼吸纳氧气，晚上排放二氧化碳；为开展光合作用，植物枝叶特别是花朵向阳开放。如果我们仔细观察身边植物，就会发现每一棵树，每一枝干都有为使自体与环境，特别是与光环境和水环境相协调的独特生长势态。

自主构造与环境相适应的生物机体。从微观角度，地球极地的动物，如雪豹、企鹅、北极狐发育出长长的体毛。骆驼有储水的胃囊。赤道地域居民因紫外线的照射肤色变深。阳光充足的南方生长出千花万卉，寒冷的北国则松柏挺立苍翠。

为吞食树上嫩叶，鹿发育出长颈。熊猫本来是肉食动物，属熊科，由于食物竞争激烈选取了以竹枝为食。竹枝营养少，为节约热能消耗，形成了熊猫懒慢的行为；为了保暖和少热耗，生长出厚长的皮毛。

从宏观角度，生命体的演化表现在：（1）由原始单细胞生物到多细胞生物，再进到体性更为复杂的植物、动物到人类的"自然历史过程"①。（2）每一种生物则处在从始源物种到千万变种的演化之中。地球上的生命体发展演变史可以描绘为：由原始物种——一朵蓝菌到生命巨树的长成，这种生命体由低级到高级的演化，正是立足于生物对自然环境的自主适应机制之上。

三、论生命体的主体性

（一）宇宙自然物体运行的两种形式：机械式反应与自主性反应

宇宙在宏观上是一切物质体的组合，用公式来表示，即：宇宙 $= \sum M$。在某一特定宇宙空间中的 $\sum M$ 表现为无数相关物体。相关物体也就是一对或一组物体，它们互相依存又互相作用，形成严整、有序的运动。太阳系结构中的太阳与九大行星组合；地球的大气层、陆地和海洋组合；生态圈中的自然环境、植物与动物组合；都是这样的关联物体。微观自然如原子核和生物基因也是由关联物体组成。宇宙万物的运动，则表现为无数组相关物体运动的互相交错。图示表示如下：

---

① 马克思、恩格斯把自界黑界视为不断运动、变化的自然历史过程。

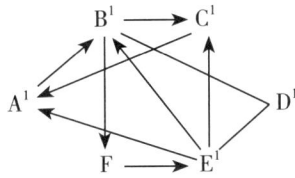

我们的分析由简单的相关物质体的运动 $A^1 \rightarrow B^1$ 开始。A^1 是体现始发力的物体，B^1 是与 A^1 相关联的物体，即受体及其运动态。如水力推动电机发电，地球引力作用下苹果落地。这样 $A^1 \rightarrow B^1$ 也就表述为作用（力）→反应（力）。

非生命自然世界是受严格的自然法则支配的王国。非生命关联物体运动的特点是作用→反应的确定性。在非生命关联物体运动中，首先，A^1 表现为运动的启动力，它作用于 B^1，导致 B^1 运动和决定 B^1 的运动态。就水力发电机来说，水力是电机的启动力，在这里，运动由外力引发，我们可以称之为"因他起"的运动。其次，A^1 的功能转化为 B^1 的动能，也就是 B^1 的运动态由 A^1 所规定。如落差更大的水力推动，转化为电机的更高转速和更大发电量。再次，由于相关联物体 A^1 与 B^1 均是非生命自然物质，它们具有物质固有的物理、化学性质，表现为受精确性的自然法则支配，从而作用与反应运动具有确定性。因此，只要有相同的作用出现，无论是自然界物质的作用或是由实验室物质的作用，就会有同样的作用→反应的产生，从而体现为一种具有重复性的机械式的运动。如在其他条件不变时，X 小时大雨（作用），引发某一河水涨 Y 厘米；F 度电流引起电热器产生 G 焦耳热量；C 千克 TNT 炸药带来 M 级爆炸力。

其公式表达：

$A^1 \rightarrow B^1$

$A^2 \rightarrow B^2$

$A^3 \rightarrow B^3$

……

$A^X \rightarrow B^X$

$A^1 \cdots A^X$

$B^1 \cdots B^X$

均是精确的数值。

对这种物质体间的作用与反作用的精确数量描述，就成为物理学和化学的基本内容。如物质运动转化为热能的规律；落体运动中的质量与速度关系的规律；物质的化合与分解的规律；原子核结构及其运行规律，等等。

生命体的运动特征是行为的自主性。生命体处在特定自然环境中，它每时每刻都要接受外在关联物体的作用，并且快速地做出自主性反应。生命体是高级物质体，它的反应行为既是由外在作用引发，但更主要是从属于生物体结构内在的要求。不同于非生命体运动的被动反应性质，生命体的反应，是对外在作用而采取的对应（因应）行为，我们称之为自主反应和主体行为。能动性和不确定性是自主反应的特征，表现为某一外来作用引发出不是某种固定的反应，而是或此或彼有某种概率或有选择性的反应，即：

$A^1 \rightarrow B^1$

$A^1 \rightarrow B^1$

$A^1 \rightarrow B^2$

……

$A^1 \rightarrow B^X$

上述表明，生命体对外在作用 A^1 的反应，它可以是 B^1，也可以是 B^2，B^3…甚至 B^X，表现出行为的自主选择性质。

我们以某一产桃区农户进行桃树种植为例，假设各个农户对桃林的施肥和管理是相同的。那么"今年桃林花盛"体现的是该年的自然条件，即阳光、温度、雨水的良好。但在个体视角上，并非每一株树都是花繁叶茂，而是一些树花开得早，一些树花开得迟，一些树花繁，一些树花稀，甚至一些老树开花，其他老树无花。这种同等作用束下的不同的反应，在于主体力介入运动，从而形成自主反应和具有选择性的行为。其图示如下：

外来作用束→主体力的启动→体现内在动因的多种多样自主反应

显然，不仅是桃树，一切植物的枝叶生长过程，包括结蕾、开花、结果等生命活动，作为对自然作用的自主反应，无一不体现主体能动性和行为的可选择性。最权威的植物学家采取最严密的跟踪观察，也不能预先测定每一株植物开花的确切时间和各株植物开花的多少。

四、生命体运动的主体性

（一）主体性运动：自行发动性

运动是物质存在的基本形式。基于我们以上提出的"关联物质体"概念，可以这样理解：宇宙中任何物质体，总是会与另外一个或一组物质体相联结，并且在物质力的相互作用下产生运动。物体进入运动态，除了是由其自身力的推动而外，还表现为来自相关联物体的推动，即外力推动。就非生命物质体来说，外力推动是物体运动的启动力。如地质板块中应力的变化引起地震，山体垮塌造成房屋倒塌，极地气温上升导致冰雪融化。同样的道理，机器的运行由发动机推动，即使是电脑操控的现代智能机也由外力，即借助工程师及其制作的软件来启动。核爆炸，宇宙飞船升空，更需要操作人员下达点火命令和运行指令。

在这里，我们把研究的对象聚焦于生命活动。生命活动作为一种高级物质体的运动，具有与非生命物质体运动不同的本质特征：主体性。主体性作为一个哲学范畴，其内涵是，运动态是由生命体结构内在矛盾和内在力所引发的。

我们开始时可以借助日常生活经验来理解"主体性"运动，如鹰依靠自身结构固有的"物自力"，即肢体与神经结构力，特别是依靠强劲的翅力直冲云霄。产卵期鲤鱼则依靠自体结构，特别是鱼尾部弹射力而跃过栅门。十月大雁南飞，秋季草原动物大迁徙，等等，均是"物自力"发动的。即使是地球上最早的生命体，如单细胞生物，也存在营养物吸收与废物排泄活动。这种"新陈代谢"式的生命活动也来自生物细胞体结构的内在矛盾，是物的自我启动的运动。

人类是地球上最高级的生命体。人类的生命活动，是由大脑中形成的蓝图支配的、有意识的活动。其表现在于，（1）人的行为目的性，即为什么而做；（2）人的行为的方法，即如何去做。以上两方面都是大脑蓝图事先设定和规制的，按照本书的论述方式，是实现脑象的有目的的行为。由脑力指引，也就是由知识、"意识"机制支配的自主行为，成为人类生命活动的特征。①

（二）自行发动与依托外力

需要指出，生命体活动具有"自行发动"性质，并非是说生物行为可以脱离外在条件和不承受外力的作用。与宇宙中的非生命物质体

---

① 更严格地说：人不仅有"意识支配的行为"，而且具有"自我意识"行为。

一样，生命体产生于特定自然环境，处在特定的相关联物体的作用中，它的主体行为立足和依存于自然外在环境与条件。用哲学语言讲，生命体行为是外在环境与外力作用的主体化，意味着外力被摄纳于生命体的本性与自主行为之中。比如说，苍鹰能翱翔长空，既是鹰的生命主体性的体现，又是空气流动力这一外在环境与作用的主体行为化。鲤鱼能跃过栅门，既是鱼的自身力驱动，又是水面张力这一外在环境与作用的主体化。水中菌藻向有营养水域浮游，既是菌藻生命本能的表现，又是水域有利环境与作用的吸引和"诱使"。可见，生物的一切"自我发动"的"主体性"生命活动，仍然以外在关联环境与外在力为物质依托，体现有"他动"的性质。

（三）主体性运动在地球的扩展与"人类世"的到来

非生命物体运动，作为对外在刺激做出的机械性的反应，我们称之为"外铄"的运动。生命体的运动作为对外来的刺激的顺应性或对应性反应，属于主体性的"内生"运动。

DNA–蛋白质复合体是地球上最古老的具有"主体性"的物质体，是具有生命的高级物质。DNA–蛋白质复合体的产生，是地球上"物质体"的一次重大而根本性变化，它产生了作为高级物质体的生命体。生命体的具体活动形式，如DNA的自我复制，原生生物对食料的吸纳与排泄，细胞分裂与受精卵的发育和胎儿的出生，都是主体性的体现。

植物的发芽、抽枝、长叶、开花、结果等活动固然是以日照、温度、土壤、水分等组成的外在作用束为必要条件，但植物生长的依据则是作为生命体固有的内在动力，即生命力。生命体的运动可以简单地表述为：以外在环境作用束为条件，内在生命力为基础的主体行为和自主反应。

高等动物在神经结构的形成和发育基础上，形成了依靠认知的主体行为。人类的产生和发展，则在智慧活动形式下把"自主性"提升到新的高度。从此，地球上的物质运动，呈现出"外铄式"的低级物质运动与"主体性的"高级物质运动相并行的双重形式的统一。而且，地球形成43亿年后的今天，人们会发现，地球上更多领域的自然物质运动开始从属于人的影响，成为一种有自主性的自然运行进程，当代地质科学家称之为"人类世"的来临，它意味着地球以及宇宙中有生命物质影响与改变无生命物质世界的新时代的开始，它既给人类带来机遇，又孕育出新的风险。

如果"人类世"概念可以成立，那么它的正确的内涵，应该包括人类对自然的合理的利用与开发，也包括人类对自然的过度利用和破坏，它应该引申出对当代人的箴言：人们应该发扬科学理性，尊重自然规律、合理利用自然，维护好大自然的良性运行。人们应该看到：敬畏自然已经是新世纪人类面对的重大挑战和迫切需要。

这里要讲讲自主行为与顺应自然。生命体自然演化，表现为由原始单细胞生物到多细胞生物，由植物到动物，由初级动物到灵长类高级动物，由灵长类动物到人类的逐步递进。与生物体结构的演变相应的是生命体活动自主性的强化：由微弱的自主性，进至增大的自主性，再进至充分发达的自主性。人类发育出最发达的认知器官——大脑。人类依据对外在环境、条件的认知，规定自身行为：选择和采取有效生产工具，革新生产方式和生活方式，人的行为体现为一种最发达、最充分的自主反应。世界上唯有人类在长期的自然演化与社会发展中形成了最高级的自主反应模式和最高级的自主生命活动方式。

人的生命活动，不同于动物的活动，在于它是具有突出主体性的行为，但是行为的主体性与人的能动性，是立足于对客观规律的遵从和运用。就使用价值创造过程来说，其本质是人类劳动推动的自然物质变换。工具创造，是劳动推动的石料的合目的性变形。火的应用，是劳动推动的木柴加温到燃点出现的自然物质体性变化，这些变化均从属于严整的自然规律。现代机器大工业生产是人类按照自然物质运动和变化的客观规律、操纵工具（物质技术手段）、对原料（物质材料）进行加工。大工厂每一车间，每一生产场地，每一项生产流程的活动安排，其生产手段的配置与使用方式，原材料的使用方法，能源耗费与劳动力耗费，均是从属于事先的规划、严格的质量控制，从而使现代工业生产，体现为人全面掌控下的低费而高效的自然物质变换。

现代科技创造出信息、网络、物联网、卫星这样的新产品，发展出无人驾驶、信息自控的无人生产方法和服务方式。随着智能机器人的质的迅速提升，情感机器人正在进入家庭；克隆医疗技术和人工器官替换，正在改变人体自然再生产的物质。20世纪七八十年代以来的新技术革命实现了人类的智慧和创造力的大升级。乍一看来，在自然面前人越来越自由，人类智力的发展仿佛使人成为无所不能的"超人"，甚至超越了自然。实际上当代人的能动性和主体性的提升和主体性的强化，在于人更深广地认知自然，更全面遵从自然规律，更主动地顺应自然，人始终是自然之子。

五、论生命体反应力的可变性

力是一切物质运动的重要表征。非生命物质体有其基于自身物质结构所决定的自体力，在各项条件具备时，物的自体力释放出来和表现为物体的运行势态，我们可以形象地称它为运行力。物体的运行还要受到来自关联物体的"外力推动"。我们得出下列物体运行力关系式：特定物体运行力等于物体自体力加上接受的外力。其公式为：

$A^K=A^1+B^1$。

A^K 为物体的运行力，A^1 为物体的自体力，B^1 为物体接受到的外力。以上关系表明，当 A^1，即物的自体力为一定时，A^K，即物体的运行力与 B^1 即物体接受的外力成一定的对应关系。

非生命物质体的特征是它的自体力是一个不变量。如不同物质体有重量、动量、能量等，这些物质力可以精确地进行测定和量化，如热能量、化学能量（化合力、溶解力），表示为单位热能量、单位重力量、单位溶解量等系数。即使是铀、钍等放射性物质，它的单位能量也是一个不变值。因此，在外来作用力为一定时，非生命物体的运行力恒等于外在力加上物的自体力，不会产生来自物自体力的增量。如飞机的顺风飞行速度，决定于飞机的发动机的功能，加上风的推力。在风力为既定时，飞机速度是恒定的，而且是一个高度精确的数值。即使在出现需要加速的紧急情况时，飞机的运行力，也不能超过它的自体力与风力这一"极值"。

生命体运行力，主要取决于自体力。生命体的自体力有很大伸缩性，是一个可变数，在特殊条件下，还可表现为"超正常值"。如苍鹰在风中飞翔，它可以借风力平缓滑行，也可以展翅翱翔，在出现猎物时还会为争食而呈"爆发式"高速运动，搏击长空、上下翻飞。科学家发现热带雨林的大蟒蛇在与敌手搏斗时可以吞下大于自身躯体8倍的河马，这让人惊愕不已。

生命体反应力与运行图示：

外在力	自体力
B^1	A^1
B^2	A^1+A^2

续表

B^3	$A^1 + A^2 + A^3$
...	...

上图中展示生命体自体力，有 A^1，A^2、A^3…是一个变数。生命体在外来作用下可以选择不同的反应，改变自体力度，释放出反应力的增量。这些情况，体现出有生命物体行为的自主性。

六、论感受机制与主体性行为

自然物体处在相互共存、彼此关联和相互作用中，物体的运行表现为外来作用下的受体反应。非生命物体的运行通常表现为外来作用引发受体机械式的反应，而且这一反应态完全受物理学、化学规律支配，可以用数学关系式来加以定量描述。这是一种不可选择性的作用→反应方式。如在标准大气压下，水加温达到100℃（作用）时，导致沸腾（反应）；凸镜聚合阳光热度达到燃点（作用）便引起物体燃烧（反应）。一块崖石由山顶滑落到山脚，其滚落路径，也是决定于力学定律，是不可选择或能在中途改变的。非生命自然界是一个万物受物理、化学"铁律"支配，按严格自然秩序运行的领域，在那里不存在作为哲学范畴的"主体"概念，也没有主体行为。

其图式如下：

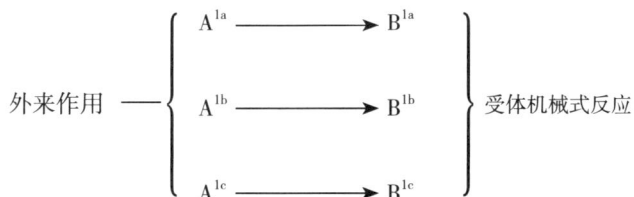

125

我们把生命活动的本质特征规定为自主性，可以称其为主体行为，其表现是：生命体运动的自主启动、行为的自主调节、结构的自主演化。

任何生命体一旦显现于世间，它就是一个具有自主行为的主体。以最高级生命体的人类来说，呱呱坠地的婴儿就会自主吮吸母亲的奶头，这里体现出人的生存和生长活动的自主启动。动物按照自身的生理结构和需求觅食和进食，这里体现了动物行为的自主调节。就植物来说，红豆生南国，云松发崇岭，橘逾淮为枳，体现了植物为适应环境的自主演化。每一棵树、每一枝干、每一叶都有与它所处地域的气温、日照、地势、周边植被等环境相适应的独特生长势态。即使是作为生命始原的海水中的原始菌类，也具有适应环境的自主行为。

生命体的自主性在于它特有的将外部作用（刺激）转化为主体感受的行为机制。

生命体运动，作为一种自主行为，表现为：外部（环境）作用—引发生物体感受—形成受体行为。

图示为：

A^2—A^2S—B^2

在这里，外来刺激（作用）首先表现为生命物体的感受，即 A^2S；然后是立足于感受的生命体的反应行为，A^2S—B^2。这一图式中，受体产生两重反应态：（1）在外在环境作用下，形成感受；（2）内生感受外化为受体行为。这里运动的起点仍然是相关联物体 A^2 的启动，但继起的则是外来刺激转化为受体的感受 A^2S；（3）感受不是终点，运动到 A^2S 并未停止或结束，继之而起的 A^2S—B^2，也就是感受的外化或表现。尽管整个运动其始发力是 A^2，B^2 是受体，但由于 A^2S—B^2 机制的引入，B^2 不再是单纯的外力导致的受体，而是已经具有主体反应的性质，我们称它为主体反应。

以上的论述，已经清晰地导向一个哲学命题：生命活动由主体感受（觉）引领。

基于自然哲学的思维，我们把感受规定为外来刺激在生命机体内形成的初始反应，它进一步转化外化为生命体行为。对发育程度不同的生命体来说，感受机制具有不同的表现形式。在这里，我们把感受又分为：（1）尚不成熟的感受，即体感；（2）成熟发达的感受，也就是感觉；（3）更高级的感受，也就是知觉。原始生命体是单细胞体，还未发育出专门化的感官，它通过全部躯体来接受外在信息，形成简单而朦胧的"体感"。植物是多细胞组织，也还未分化出感官，它用茎、叶、花感受阳光，开展光合作用，我们说它具有"光感"。某些植物如含羞草与猪笼草能对外来碰触做出反应，我们说它们具有"触感"。一般地说，植物的"感觉"是不成熟的，但可以说它们仍然具有外来刺激做出主体反应的"感受"。

一旦生命体发育出感觉器官和形成了神经系统，有了神经丛覆盖的器官、肢体，生命体就形成了发达的感觉和生物的感觉驱动的行为。其具体机制是：第一步，生命体面对的物与事，表现为外在刺激作用于感官，感官将接受到的信息传递入大脑，形成反映外物个别属性的直观形象，也就是感觉。第二步，感觉进一步带来大脑神经操作，引发和转化为生命体肢体、内脏、器官、腺体的运动，也就是外化为行为。

动物行为都是跟着感觉走。其表现如下：（1）感觉支配动物的生活行为。如饥则食、渴则饮、困则睡、性欲促使交配。可见，感觉驱动了动物的生命活动。（2）感觉取向形成行为模式。感觉取向指的是某物带给主体正面的感觉，引起主体对该物的亲和行为，而负面的感觉则引起主体对该物的排拒行为。

动物的胃肠结构决定了食物癖好。食草会使牛的胃肠产生"正面感受"，形成了牛对草料的食物偏好，牛天然地会为寻求合适口味的草料聚居于水草丰饶的地区，在那里享受自然为它准备好的美餐。可见，"正面感受"引导牛成为草食动物。

感觉还主导牛的饮食行为模式的形成。假设牛维持一日生命需要5000大卡热量，折合10斤草料。牛的饥进食、饱停止进食的生理感觉机制，成为一个自然调节器，驱使牛每日进食10斤草料，满足一日体能的自然需要。牛不会吃得更多，当然，由于不足则饥，牛也不会吃得太少，因为牛需要摄入基本能量来维持生命。可见，感觉自我调节机制促使具有自然合理性的动物行为模式的形成。

生命体因应环境的体性自我完善的主要表现是感官的专业化、多样化。动物适应识别外物光象，即在光照中的物象的需要，产生了视觉感官。适应接收和识别外在声象的需要，产生了听觉感官。适应接收和识别食物味象需要，产生了味觉感官。适应接收和识别外物的气味的需要，产生了嗅觉感官，等等。发达的生命体，如动物发育出一个各司其职的多样化的感官结构，在脑神经操作整合下，各种感觉互相协调、配合，形成综合性感觉。一些动物发育演化出包括视、听、嗅、味、触在内的复杂、高效的感官体系。某些动物的感官功能远远超越人的感官。比如，海鸥和海豚具有海水中辨识方位、路径的能力，蝙蝠能在黑暗的洞穴中识别四周的环境。生物具有的许多神奇的感知机制迄今尚未获得令人信服的阐释。总之，专门化、多样化的感官的发育意味着感知能力的提升，在脑神经结构的感觉操作下，外在信息就得以更充分与更确切地转化为生物体的感觉，并且再转化为有效的顺应与应对环境与外在状况的生物行为。

有关人脑和神经组织结构和功能的感觉机制的形成，是生物演化进程中的重大事件。人类不仅具有多样专门化的感觉器官，而且发育出发达的和功能无比强大的神经结构。人的一切器官都载有神经系统，它们与大脑神经中枢相联结。人对世界的认知表现为：（1）外界的物与事，作为外在刺激束，通过感官末梢神经，传导到脑结构特定域区，引发脑神经组织运行，形成色、声、视、味、触等多种感觉形象。（2）大脑进行复杂的思维整合，包括记忆库中的感觉的调出，使其与当下感觉相联结，形成综合性感受。（3）人的脑库中不仅有感觉存象，而且有知识存象以及社会意识存象，等等，它们都会被调动出，参与感觉形象的整合，形成对外在世界的复杂的主体感受。这是一种有知性与理性参与的复合感觉，或知觉的形成，它意味着在人身上出现了由动物生理性感觉机制向知性、理性的人类感受机制的转变。

生命体行为具有不确定性。普通物质体的作用反应机制受自然法则支配，带有确定性，而且可以用精确的数学形式来加以表现。生物体是一个活体，处在不断变动的自然环境中，自身的活动势态、体性以及机体必然会发生相应的变化。生物体总是随着外在环境与自身的状况的变化，来调整和重塑感受，因而决定了感受带来的反应方式的变易性。图式如下：

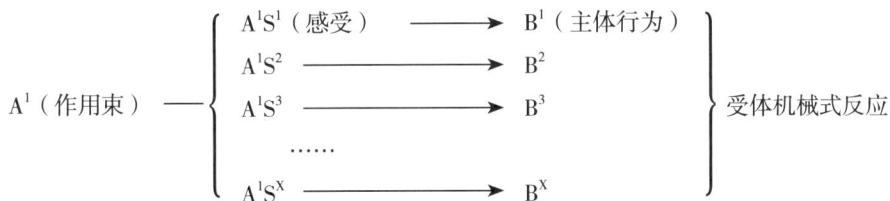

$$A^1（作用束）\longrightarrow \begin{cases} A^1S^1（感受）\longrightarrow B^1（主体行为）\\ A^1S^2 \longrightarrow B^2 \\ A^1S^3 \longrightarrow B^3 \\ \cdots\cdots \\ A^1S^X \longrightarrow B^X \end{cases} \Bigg\} 受体机械式反应$$

在既定作用束下，生物基于内在感受变化而调整其行为，我们称之为行为选择，后者是主体性的重要内涵。以生物觅食行为为例，你给猫一块鱼骨，饥饿状态下的猫会争先恐后地争食，但已饱食的猫则不为所动，顶多摇摇尾巴。旅游者会看见非洲大草原上金钱豹为觅食而猛袭斑马，饱食的狮子却在林下静观不动。河畔钓鱼客会向你诉说，在同一池塘垂钓，同样的钓饵有时使多条鱼上钩，有时却毫无所获。可见，生命体在外来作用下的感觉充满变数，因此，感觉主导的行为也就具有不确定性，人们事先不能对其做出某种精确的测定。

生命体具有的作用→感受（感觉）→反应机制，其物质生理基础在于生物基因结构的功能。

生命物体的特征在于：（1）"个性鲜明"。在生物界不存在基因组结构100%相同的生物体。即使是属于同一种（类）的生物个体，它们的基因组结构也存在差异，由此决定了同一外来刺激下形成的生物受体反应的差别性。（2）生物基因组结构受环境规制，它会因外在环境变化而发生变化。（3）生物作为"活体"，对外来作用的感受迅速而敏捷，导致体性"突变"的发生。

我们可以举三月桃树花开为例。假设某一产桃乡，各个农户在种植培育桃子生产时使用同样的技术手段和管理方式，实现了每年春三月桃树花盛开。但有的农家花开早，有的花开迟，有的花繁，有的花稀，个别农家桃树不开花。可见，同样作用束下的受体反应不同。其原因在于受体，即各株桃树的个体差别，确切地说，在于各农家桃树基因组结构的差异性。地球上有上千万个生物物种，它们生存于各自的特定环境中，有着各自的相关物质体圈，形成了多种多样、各具特色的外来作用下引致主体反应形式，加之以自然环境、外在生物种活动的变化等因素，都会影响着生物受体的反应活动。所以说，如果受自然法则支配的非生命世界的万物运行中体现出一种严整的规律性，那么，有生命物质运行则鲜明地体现出主体能动性质和个体运行方式的差异性，而生物学一般规律也就获得了趋势性的实现形式，生命体的有规律的演化进程也就呈现出突变和偶然行为多发的特征。

小结：

第一，生命体对外部开展的行为表现为：外在事物作为刺激，它引起生物机体产生内在感受，接着是感受外化为主体行为。这是一种从属于主体感受的生命体行为模式。

第二，由原始生物到初级生物，再到高级生物的自然演化进程，表现为由简单的生物的肢体感触→行为模式向动物的感觉→行为模式的提升，进一步出现的是知识和意识形态因素介入的主体感受行为模式的确立。生命体对外界的认知形式的发展，可以用图表示为：

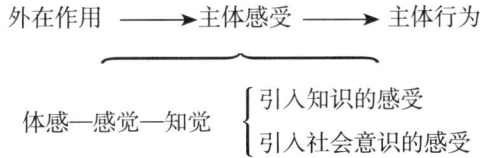

外在作用 ——→ 主体感受 ——→ 主体行为

体感—感觉—知觉 ｛引入知识的感受
引入社会意识的感受

第五章

关于人的认知机制与知识引导的行为

一、认知能力的提升与人类的形成

人类社会的形成经历了以下阶段：（1）直立行走的类人猿出现、集群而居和形成原始群，发生于 600 万年至 400 万年前。（2）70 万年至 50 万年前的现代人的产生。（3）约 10 万年前母系氏族的出现和随后转化为父系氏族，进一步向家长制大家族为基础的远古社会演化。（4）大家族发展和国家形成，文字的产生，人类逐步进入了阶级社会和有文字的社会，这一阶段大约出现在 6000 年前。

从树上栖居下到地面生活，从森林走出来的类人猿开始直立行走，由此手臂获得解放，逐步成为劳动的人身工具，并且开始创造和使用物质生产工具。工具的出现和使用意味着人的生产劳动行为的形成，劳动实践强化了猿人的脑力认知活动，促进了古猿人大脑的发育和向人脑的转化。

大脑的发育和认知能力的提高，在人类形成和进化中起着关键作用。原始人类首先经历了一个漫长的以感性认识来把握客观世界的阶段，这一时期人对外部世界的认知，主要表现为脑幕中的直观形象的形成。最早的原始人类像婴儿一样，还不能进行抽象思维，他们的脑幕中还不能形成概念，也就不能清楚地区别事物，从而生活于"浑浑噩噩"之中。这是人类认知史中的第一篇章：精神蒙昧时期。只是经过了长时期的劳动实践与认知实践，特别是通过大脑结构和功能的完善，原始人逐步萌生和形成了抽象思维活动，也就是有了区别于动物的人类认知行为。可以说，大脑的发育完善和发达思维活动的产生，成为促使原始人类由感性生物人到知识引导的现代人类转换的物质生理基础。

人类认知能力的发展是与语言形成相伴随的。语言是人的脑象的外化，是人的精神活动的嗓音形式表现。人是社会的动物，最早的人类生活在原始群中，他们在社会生活交往中逐步形成了精神活动的共同嗓音表现形式：立足于分节语的共同语言。共同的语言，成为原始群体进行思想情感交流和信息知识传递的工具，也是用来协调集体劳动和社会生活的人身工具。语言促使知识社会化，把各种各样的个人的知识转变为语言相同的人群共享的集体知识。语言不仅实现知识传递，还促使认知的互促、互补，促使人的认知发展和完善。语言的形成使知识的生产，由个人小生产转变为社会、集体的精神生产活动。在人类认知史中，语言的出现开启了人类知识加速进步的新篇章。

文字是人的认知脑象和语言的符号。文字的创造者们，通过归纳、抽象等方法将语言规定成简约的形象符号或图像。文字的产生和应用，体现了人类抽象思维能力的发展和认知水平的提高。文字是使知识实现跨越地域空间传递的工具，又是保存、储藏前人知识的工具。文字克服了依靠口头传授知识和记忆保存知识的局限性，使一地一域创造的知识、文化成为可储存和长期使用，并且能跨地域传播的人类共同精神财富。

二、语言、文字形成与人类认知能力的提升

人类的认知能力的发展和提升，一方面是依靠人体结构和功能的完善，另一方面是由人的社会实践活动的促进。人类学家把地球上现住民的直系祖先，现代人出现的时期规定在 50 万 ~ 60 万年前。摩尔根在《古代社会》中指出，旧石器时代的人类出现迄今约 10 万年，其中的蒙昧阶段经历了 8 万年，接着的野蛮阶段经历了 25000 年，有文字的文明阶段为 5000 年。[①]

人类的远祖是属于灵长类的类人猿。大约 300 万年前，树栖的类人猿下到地上，开始直立行走和在地上谋生。类人猿由于手臂获得解放，手由此逐步演变为劳动的人身工具。在劳动中增进了灵巧的人手制造出物质工具。工具使用和创新及劳动方法的完善，加强了人的认知活动，促进了古猿人大脑的发育。

大脑的发育是人类认知能力提高的物质、生理基础。初期原始人经历了以感性认识来反映客观世界的阶段，这一时期人对外在世界的认识，主要通过直觉和联想等直观形式。还不会进行抽象思维和形成明晰的概念，他们也就不能清楚地区别事物和认清不同事物的功能，犹如生活于懵懵懂懂的状态中。我们把这一人类认知史中的最初篇章称为精神蒙昧时期。这时的人还只能算是感性生物人。此后，经过长时期社会的实践—认识—再实践—再认识，也基于人脑结构和功能的逐步完善，原始人开始发展出抽象思维认知，开始了由感性生物人到知识人的转换。

前面论及，人类认知能力的发展与语言的产生相伴随。人是社会

---

① 参见路易斯·亨利·摩尔根：《古代社会》，江苏人民出版社，2005 年，第 30 页。

的动物，最早的人类生活在原始群中。共同劳动和共同生活中密切的交往，要求人们进行思想、感情的沟通和信息交流，这就决定了人的发声逐步节律化，最终则是分节语的出现以及语言的形成。共同的语言成为原始群人进行思想情感交流和信息、知识传递的工具，成为协调集体劳动和形成有序的社会生活的精神条件。共同的语言也是人们用来维系氏族归属感、亲情感的重要纽带。语言还促使知识社会化，共同的语言使个人的知识转变为集体享有的知识。语言不仅实现知识传承，还促使知识的交流和传播，使知识由个人的认知行为，转变为社会、集体性的精神生产活动。

进一步说，文字是语言的符号化。文字的形成更是经历了一个漫长的，由萌芽形式到完整形式的演变和完善过程。考古专家认定，中国最早的完整的文字是出现于公元 5000 年前商代的甲骨文。近些年来，中国各地发掘出的文物中均发现有更早的文字萌芽，时间可以推到 7000 年至 1 万年前后。

文字是社会精神文明的重要标志，是人类进行知识生产和文化精神活动的重要载体和认知工具。文字的产生和应用：（1）体现了人类抽象思维能力的发展和认知水平的提高。（2）文字使知识得以跨越地域空间进行交流和传递。（3）文字是保存、储藏知识的工具，它克服了依靠记忆和口头传授、储存知识的局限性，实现了知识和精神财富跨越世代的积累和传承。（4）文字在使知识成为存量的条件下，促进了人的知识生产和精神活动不断扩大和文明的进步。

三、论人的知识生产

第一，如果说，138 亿年前发生的"宇宙大爆炸"以来天体运行历史中最重大的事件，是距今 46 亿年前银河系某一宇域中太阳系和地球的产生——那么，50 万年前，一个有思维能力，能制造和使用工具，具有相互关爱性的高级动物群体，也就是人类社会的产生，无疑是地球运行与生物自然演化中最重大的事件。人们说："人为万物之灵。""人之灵"的核心要义在于人能从事精神活动。我们把精神活动划分为三个类别：第一，认知和知识生产活动。第二，情感与心理活动。第三，意识形态（价值观念）塑造和意识性活动。从结果来看，它产出知识、文艺和价值理念。上述三类活动，也可以称为人的精神生产。按照马克思的历史唯物主义理论，精神生产是建筑于物质生产基础之上并由物质生产方式决定的。

第二，知识生产是精神生产的重要内容。历史地看，它是第一的精神生产。认知和知识来源于物质生产的实践。原始人已经在进行物质生产中开动脑筋，总结经验，以便获得更好使用工具和增强劳动效率的知识。认知的功效和利益的提升，促使人努力在"干中思"，以知识促实践。这样，不仅积极从事物质产品生产，而且关切、重视获取知识就成为人类的特征。

第三，人类是从类人猿逐步进化而形成的，人类学家估计这一过程经历了数十万年。人类形成的标志是：（1）直立行走；（2）制造和使用工具；（3）分节发音和语言的形成，意味着初步思维活动和原始意识的形成。基于此，距今 50 万年 ~ 70 万年的非洲南方猿人，北京猿人、元谋人、资阳人等均已经是人类祖先。在这一漫长的时期内，人实现了生产工具由旧石器到新石器的缓慢进步；实现了人工取火，火的发明和应用，使生活消费方式发生由生食到熟食的变革；实现了语言的形成和人类大脑的发育。以上三个实现，意味着完成了人类的远祖——类人猿到原始人类的转变。

第四，人是高级智能的动物，具有认识世界，包括客观世界和主观世界的能力。高等动物如猩猩虽然也具有某种智力，也懂得利用工具觅食，但最聪明的动物都没有形成语言和具有抽象思维的能力，也就不能从事真正的认知。类人猿在长期的集体劳动和群体生活实践中，在优胜劣汰的自然法则的逼迫下，经过长期的认知活动的历练，终于发育成具有发达认知能力的大脑。大脑的发育成熟，是人类独有的发达认知能力的物质、生理基础。

第五，原始人在艰难而漫长的劳动实践中获取知识。知识外化与物化在工具中，以及在生产方式和生活方式中。人类生产的发展，工具的改进，社会生活的进步，文化的昌明，都立足于知识增进。知识是人对世界，即客观世界与主观世界开展的认知而结出的果实。人的认知有两个步骤，第一步是浅层的认知，它形成感性的认识；第二步是深层的认知，它通过思维，将感性认识上升为抽象范畴、原理、系统理论等形式，也就是理性认识。

感性认识是自然物和加工物作用于人的感官，通过眼耳鼻舌身以及大脑而获得的直接"感觉"，它形成直观"形象"。理性认识是经过人脑的思维加工而形成的抽象概念和理论概括，如物质结构、质量、能量、距离、速度、温度等自然科学范畴；有关劳动、产品、价值、财富、市场、资本等经济科学范畴；有关是非、善恶、公平、正义等社会伦理范畴，它们是借助人的抽象概括能力和逻辑思维能力，对感性认识进行"由表及里，由此及彼"的深度思维加工而形成的。感性认识是初始的认知，这种认知捕捉住事物的丰富多彩、有血有肉的"形象"，但毕竟是属于表象的东西。理性认识是认知的上升，尽管它的抽象形式似乎距物本体更远，但它却是对事物表象的扬弃和对事物本质的把握，因而，它实质上距事物的"真象"（实象）更近。

实践是认识发展的基础，人类在社会实践中进行认识，由感性的认识提高到理性认识；再进一步在新的社会实践中检验原有的认识，即原知，并且进行修正和发展原知，形成更加接近事物本质的更完善的新知，逐步地提高知识的科学性和真理性。可见，人类获得科学的知识要经历一个实践—认识—再实践—再认识的过程，这是一个由相对真理的积累、扬弃而逐步迈向绝对真理的不断循环往复和上升的过程。

第六，我们把知识区分为通常知识、古代学术知识、现代科学知识三个类别。

我们指的通常知识，是人们通过日常生活实践经验，经过思维加工而获得的知识。如农民通过农业活动获得春播、夏耘、秋收、冬藏的农业生产知识；工人通过制造活动获得各种各样的操作工具，处理原材料等加工制作的知识；家庭劳动者通过日常家庭劳务与生活获得做饭炒菜、洗衣扫室等处理各种家务的知识。通常知识具有以下特点：

大众性。它由大众所创造和归大众使用，任何一个拥有正常健康认知功能的人，都是知识生产主体。

应用性。在内容上是对日常生活具体事物的直接认知，回答有关如何做好某一具体事务，即"如何做"的问题，是指导人们的日常生活行为的应用性的知识，它是实现人的正常日常生活的精神工具。

在知识结构与形式上，它简单、易懂，是大众自身创造又归大众使用的"简朴的"道理。

经验性知识。通常知识是人对自身实践经验的"初步总结"。各行各业的"能工""巧匠"，他们能在劳作中表现出令人惊叹、无与伦比的熟练和技巧，就是由于他们拥有从长年累月劳动中获得和积累的经验性知识。

可积累性。人类在进入文明时期后，重要的通常知识采取文字形式和口传身授方式进行代际传递和积累。

通常知识是有关事物的浅层联系的知识，它未能深入到事物的"里层"，揭示物的"内在的因果关系"和"本质"。如古代人懂得钻木、击打燧石可以取火，但他们不懂得钻木产生"热能"，热度达到燃点和出现燃烧的物理学机制。古人很早就懂得严寒下水结为冰的知识，但他们却不懂得在标准大气压下，水到0℃凝固成冰的物理学机理。陶器烧窑工懂得陶坯入窑烧制的方法和掌握火候的知识，但他们不懂得陶坯及彩绘烧制中温度与烧制物发生变化的化学机理。

由于通常知识在"认识"上的"表层性"，使它只能解决"怎么做"这样的有限的应用问题，但却不能回答"为什么要这么做"，以及与此相关的"是什么"的问题。知识的这种不足，决定了人的认知活动要进一步深入到事物里层和提高到由一系列范畴、原理来进行表述的科学知识。这一特殊的精神生产任务通常是由专业精神生产者——知识分子，即自然科学家和社会科学家来完成。

第七，物质生产与精神生产是社会生活两大层面。人类要维持生存，首先要从事生活资料的生产活动，接着还要进行生产资料生产的活动。由于使用工具是人类生产的根本特征，因此，上述生活资料与生产资料的生产，简称为物质生产，它是人类社会生活最重要的层面，也就是"社会的物质基础"或"经济基础"。

作为万物之灵的人，是有文化精神生活的高等动物。在发达的社会形态，人不仅要从事物质生产，而且还要从事精神生产，用更多时间开展文化娱乐和休闲活动，以及从事自然科学和人文科学的研究。我们把这两种探究性活动称为精神生产，它的成果是知识产品与文化产品。基于上述分析，人的社会生活就表现为物质生活与精神生活两个层面。在存在阶级的社会形态中，政治生活被引入社会生活，成为社会生活的另一重要层面。

四、论原始宗教意识

（一）神灵崇拜——原始人类的心理特征

神灵崇拜是基于幻想的虚妄认识和非理性行为。神灵意识和行为可以归结为：

神灵观。自然世界本来是一个无神灵的物质存在，宗教意识表现在人将自然物视为具有某种超自然力量，能主宰人的命运的"神灵""玉皇""上帝"，是"不死的"永恒存在。

拜神行为。宗教意识不仅表现为笃信神灵存在，而且外化为人对神灵顶礼膜拜行为。如对神灵的礼敬活动，对巫师、释教者的言行痴迷式的服膺，甚至表现为某些信众的超凡骇俗的极端行为。

神灵崇拜还表现在信众经常举行的各种庆典、祭祀、礼拜活动中。

（二）原始神灵崇拜的特征

原始社会时期生产力极度低下，生产方式极度落后，特别是自然气候环境极其严酷，经常发生的狂风暴雨、江河泛滥、酷热干旱等都给人的生产和生活造成极大破坏，威胁人的生命。马克思和恩格斯说："自然界起初是作为一种完全异己的，有无限威力的和不可制服的力量与人为对立的……人们就象牲畜一样服从它的权力。"[1] 面对恶劣条

---

① 《马克思恩格斯选集》第 1 卷，人民出版社，1972 年，第 35 页。

件的初民缺乏对自然世界及其运行的认知能力，[①] 自然而然地产生有自然神灵存在的观念和从事神灵崇拜活动。[②]

原始的神灵崇拜的内容是：第一，自然物的神灵化。处在自然力严重威迫下的初民将大自然视为一种具有永恒生命和超自然的灵异力量，认为正是这些神异奇特的力量创造了自然世界和主宰自然世界，包括人类世界。许多地方的原始氏族流行太阳神观念和太阳神崇拜。从春阳和煦，万物生长，夏日炎炎，禾苗枯萎的自然现象中，原始人幻想出一个能决定农事丰歉、人间祸福的太阳神的存在。成都金沙遗址发掘出的创制于5000年前的"神鸟托日"金箔，最形象生动地体现了远古人类的神灵观念和自然神灵崇拜心态。

第二，多神意识。众多自然物在原始人心目中都是具有超自然力量的神祇。初民信奉太阳神、月神、海神、河神、山神、土地神，等等。有时也把一些动物当作如龙王、蛇精等图腾崇拜。北美易洛魁人还将南瓜等植物作为神物。[③]

第三，对祖先的神灵化。初民心目中人死亡后灵魂继续存在，从而将祖先神灵化。考古学家发掘出10万年前的古墓。古老的墓葬礼俗表明了先民将祖先视为神灵。

第四，赋予神灵以物（人）化形态。原始人不仅幻想出"神灵"，而且依靠幻想刻画出各种神灵的具体形态。如初民想象和祈望能为他们除害的神物具有强大威力，便赋予它夸张的形态，让动物神灵具有

---

① 19世纪探险家发现南太平洋群岛上的原始氏族缺乏1、2、3、4等数学观念和计数能力，他们也缺乏时间观念，往往是花两三个月时间来制作一把弓。

② "在古希腊部落和拉丁部落中宗教仪式占有突出地位。"（路易斯·亨利·摩尔根：《古代社会》，江苏人民出版社，2005年，第46页）。

③ 路易斯·亨利·摩尔根：《古代社会》，江苏人民出版社，2005年。

凶猛形象。从残留的远古崖画中可以看到神兽具有多头、多手、多足；金沙出土神鸟具有四翅；三星堆青铜人有大耳和隆眼。植物神像往往形体夸大，以显示丰产力。基于同类相亲和的人类心理特征，自然物（力）神灵化往往与形态上的"人化"相伴随。于是，日神、月神、河神、山神、树神等自然神祇都以人像出现和拥有人的喜怒哀乐等人格特征，而且这些神灵还具有"帝""王""大神""小神"等社会身份、等级地位等特征。

第五，礼敬神活动是神灵崇拜的重要内容。初民举行多种庆典，通过跪拜献礼，以及歌舞、乐奏等活动来对神表达感恩和祈求神佑。举行对自然神灵的庆典是原始部族生活中的大事。

庆典活动往往在农牧生产收获后举行，摩尔根指出，"在易洛魁人当中见到六种一年一度的宗教节日，枫树节、栽种节、浆果节、青谷节、收割节、新年节"[①]。感恩与祈愿是神灵礼敬的重要内容，摩尔根在论述易洛魁氏族的宗教心态时说："他们的宗教崇拜是一种对神恩的感谢，并向大神和小神祈祷，希望不断赐福于他们。"[②] 对祖先的祭祀也是初民神灵礼敬活动的重要方面。

（三）阶级社会的宗教意识形态及其消亡

原始宗教是人类精神蒙昧时期将头脑臆造出的神灵当作客观实在的畸化认识，这一精神现象体现出在自然强力桎梏中陷于生活困扰和精神不安的原始人类祈求神佑的心态。在阶级社会里，宗教虚幻观念是建立于对抗性的经济基础之上的思想，属于上层建筑，是用来维护

---

① 路易斯·亨利·摩尔根：《古代社会》，江苏人民出版社，2005年，第65页。
② 路易斯·亨利·摩尔根：《古代社会》，江苏人民出版社，2005年，第66页。

占统治地位的私有制生产关系的精神工具。古代罗马奴隶制社会，亚力山大大帝就通过将基督教定为国教，以政治强制力向大众传播和推广基督、耶稣的博爱精神，以此来麻痹人心，消解奴隶对奴隶主的反抗。中世纪的西欧实行政教合一制度，罗马教廷不仅统率管理人的精神生活，而且具有重要社会政治、经济职能，成为维护西欧封建制度的重要力量。可见，在阶级社会历史中的任何宗教意识和行为，它并不是"洁白无尘""超越尘世的"，在本质上它仍然是从属于世俗的利益和为现实政治服务的。

作为一种精神现象，神灵观与神灵崇拜不过是人类认知发展史中的阶段性现象。宗教意识产生于人类受自然严重桎梏的原始社会，发展于广大群众受到阶级压迫的中世纪社会，它是物质贫乏与制度桎梏的社会在意识形态上的表现和特征。也是科学认识尚未普及和统摄人心条件下，必然会产生和存在的畸化的社会意识。自然科学的一项伟大启蒙功绩，在于揭示了自然界和人类社会从来不存在超自然的神灵。爱因斯坦在《上帝信件》中说："对我而言，上帝一词除是人类脆弱的表现和产物，没有更多含义。"马克思的历史唯物主义基本理论更是阐明，世界历史上为人信奉过的一切神灵都是"人造的"，是一种无现实本体，纯粹由人脑构想出的"虚幻的观念"。而信众对神灵的崇拜，在本质上是一种非理性的心理和行为。在社会主义、共产主义的发展进程中，随着物质生产力高度发展，普遍的富裕化，阶级消亡，人际关系和谐化，也由于教育和科学知识的普及，精神文明的提高，人类理性水平将普遍提升。在上述条件充分具备下，人就无须向天堂寻找幸福，寻求神佑的宗教精神和社会意识将逐渐地淡化和自行消亡。

第六章

关于人的情感、道德理念及其行为调节功能

一、心理情感对人类行为的驱动

（一）由生理感受向心理感受的提升

情感或心理感受是人类的重要精神活动，它表现为爱、憎、喜、怒、忧、惧等。情感是人在衣食住行、男女交往等物质生活以及在参与公共活动和社会、政治活动中的心理感受。动物行为在于追求生理快感，首先是饱食的愉悦。人类的行为则不同，不仅受生理感受驱动，而且还要受情感、心理感受驱动。文明人类更加重视精神生活，特别是讲求情感生活的品质的提升。

人的心理情感活动立足和派生于感觉活动，但其性质却不同于感觉活动，而是一种更高级的心理行为。如进食使肠胃获得舒适感，穿衣使身体获得温暖感，这是生理性感受，属于感觉范畴。人在获得良好的生理性感受后，如在食饱穿暖后会引吭高歌，手舞足蹈，以此表达快乐心情。反之，饥饿寒冻不仅引起人身病患，而且使心情抑郁烦恼。由此可见，情感心理是一种精神性感受，使用哲学的表述，即它是人

的物质生理活动的精神升华。

（二）情感心理是一种大脑神经活动

现代脑科学研究证明，情感心理活动是大脑结构中的专司情感——正面的或负面的——的神经元发生兴奋或抑制。对于具有发达脑结构的人类来说其反应进程如下：（1）外物与事作用于人，引起人体感官反应；（2）感官反应传输到大脑，在脑幕形成感性形象，产生感觉；（3）对外物与事的感觉，在脑神经联结机制作用下，同司心理情感的神经元相联结，使脑幕的纯感觉形象转化和上升为感觉＋情感的复合脑象。由此，外物与事既给人带来生理性感受，又带来情感、心理感受。如佳肴美酒会使食者产生良好口胃感觉，由于这一生理感受传输入大脑，并且与司快乐心理的神经元相联结，从而使人产生和获得愉悦快乐的心理感受。

（三）发达的神经联结机制与人的复杂情感心理的形成

人脑记忆库中的"存象"会参与当下的认知和脑象重构。在当下的外物与事形成感觉形象时，人脑神经结构中存储的与其相关联的知识、意识、情感脑象会被调引出，参与当下的脑象重组与再造。如文人墨客异国他乡遇故交，一起品尝家乡菜，眼前物与事勾起乡思国情，暖心的回忆增添宴饮之乐。这种迎友宴的欢乐心理在于大脑记忆库中相关联脑象与司快乐心理的神经元的相联结。

人类情感行为机制图示如下：

$$物与事 \longrightarrow 当下认知脑象（感觉）$$

情感心理脑象（喜乐爱憎）

大脑的思维整合有
情感的复合脑象的
形成

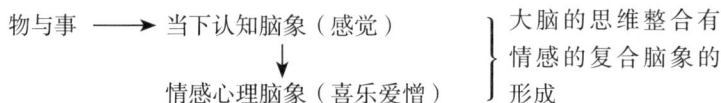

此图示表明，人当下对物与事的感受，在与司情感的大脑神经元联结机制下，人的实感无不带有感情因素与心理色彩。

（四）心理情感具有行为调节的功能

动物的心理、情感机制，是动物长期演化的产物，是增强动物生存进化能力的一项精神工具。生命体天然地要求通过自身结构与行为的优化，推进主体与自然环境相协调。为此，它需要不断提升自身的趋利避害和应对复杂多变环境的能力。心理情感机制是一种高级的行为调节杠杆，情感要素的引入具有对主体的行为激励或抑制的功能，用来补充和强化感受的主体行为引导、调节作用。

在上章中，我们已经说明感觉是生物行为的调节器。其作用机制是：（1）感觉引导做与不做；（2）感觉引导怎样做。动物依靠感觉引导，形成能与外在环境相适应的行为模式，如动物的食物选择与进食模式，以及生殖行为模式等。感觉，作为一种认知活动，属于感性认识，带有表层性，它不能把握外在对象的本质。此外，作为感觉主体的认识，它带有来自主体感官功能的差别性，往往会表现为片面认识，甚至是背离客观实际的误识，导致盲目的和错误的行为。如一些昆虫的感觉驱动行为后果是灾难性的。蚊蛾受光感驱动扑火自焚。螳螂捕蝉，黄雀在后的自快，不是由于螳螂感觉不到天敌在后，而在于它由一心追求当下的食感，没有大敌逼近的畏惧心理。

脑结构情感心理机制是高等生物，特别是人用来形成有效行为的精神心理杠杆。情感心理的行为调节功能在于：正面心理出现会促使人的正面感受进一步提升，负面心理出现则会对消除或降减人的正面感受，甚至使其转化为负面感受。情感心理机制与感觉机制相结合，使生命体增强了自我行为激励与约束。比如就进食来说，酒店通过名厨制作的食品给人以口舌快感，还以店堂装潢、音乐歌舞等文化性服务带给人以精神愉悦和心理快感，增强用餐者的食欲。另一方面，当人们发现食物中有一只死苍蝇时，即使是美味佳肴，进食者也会大倒胃口，出现负面的进食心理。在禽流感肆虐流行期间，人们在进食时也会对面前的佳肴心存疑惧，从而降低了饮食之乐。

二、论人类情感心理活动

（一）情感心理与人类行为

人是高"情商"动物，拥有发达的情感能力，集中表现在：情行合一。情感渗透人的劳动、饮食、男女、社会交往、政治活动等一切行为之中。动物也有情感活动，如犬和猫会相互嬉戏、逗乐；母禽对幼仔的哺养、护卫等活动都体现了心理情感因素。但动物行为是受物质生理机制驱使，而人的行为除了从属于物质生理机制外，还要受精神情感机制的导引与制约。人的日常衣食住行活动，既体现人的物质、生理性的需求，又体现人的情感精神性需求。人的节日团聚、朋友交往、公共庆典、艺术宗教等行为，更主要是为了获取精神心理感受。"人非草木，孰能无情"，情感心理活动成为人类行为活动固有内涵，高品质的情感，是人的文明性的重要标识。

（二）人际关爱——人类的一种高级情感

人类区别于其他动物，不仅在于人具有高级的思维能力，而且在于人具有高级情感活动：类关切，即人对他人、对群体的同情、关爱，苦乐同感、休戚与共的心态。

动物行为除了本能性的抚育幼仔行为外，主要体现的是维持自身个体生命的欲求。丛林动物，即使是同种同属也会为争食而相互厮斗。动物行为出发点是维护自身，是"自利性的"。而原始氏族人则要将自己捕获的猎物分给族内成员共享，他们行为的出发点是集体利益，是"利他性的"，这种利他行为表现了人的类关切的心态。人具有的上述基本心理活动，文学家称之为"爱心"，哲学家称之为"良心"，孔子称之为"仁"，佛学称之为"慈悲"，基督教称之为"博爱"。人与人的相互关切体现了人的善良社会本性。世界各国文学艺术最美好的篇章都离不开对人间情爱的描述与讴歌。

（三）人类情感的丰富性

孔雀开屏，百鸟鸣春，忠犬恋主，这些动物行为体现出一种简单的情感活动。但人类情感则具有丰富的内涵，既有相互关爱，又有彼此怨恨。人类情感活动表现为乐、苦、爱、憎、悲、妒、怒，等等。上述每一种情感还可以进一步具体化和专门化。如人际关爱，表现为男女间的情爱，亲子间骨肉爱，姐弟手足情，师生谊，同窗情，父老乡邻情……此外，作为社会人，人还有对集体、民族、国家的忠爱，对长辈幼童的厚爱，对卓越领袖和英雄人物的敬爱。上述情感活动的具体化和多样化，也适用于乐、苦、憎、悲、忧、妒等情感类。随着社会物质富裕和精神文明的发展，人还会进一步衍生出新的情感形态，如职业人对专业工作的热爱，宠物主对饲养物的宠爱，艺术家对创意活动的痴爱，绿色活动人士对大自然和一切生命物的护爱，等等。

（四）人类情感活动的物质生理基础

文明社会中获得鲜明表现的人与人互相关爱心从何而来？显然这不是基督徒所说的，是来自上帝的恩赐和教诲。现代生理神经科学揭示了爱憎等情感活动是一种高级生命体所具有的情感心理机制，更具体地说：它是人类大脑司情感、心理活动的神经元的兴奋与活动的表现。

心理情感活动作为一种脑神经运行机制，无论是体现在较高级动物行为中，或是体现在人的行为中，都没有本质的差别。只不过是人类拥有最发达的大脑结构，最复杂的脑神经运行机制和高级的情感、心理活动。人脑的运行具有以下三个特点：（1）最发达的认知机制；（2）最发达的心理情感机制；（3）社会意识机制。上述特点构成了人类发达的精神活动。发达的精神活动是人类区别于其他较高级动物的特征。

（五）人类情感方式植根于社会生活，是引导人的行为，维护社会运行的精神力量

社会性动物具有的类亲和心理，在人类身上表现为人际关切，或简称爱心。人具有的相互关爱心是一种社会心理，它是处在劳动、生活共同体中的人具有的积极心理和精神形态，这种精神品质发挥着匡正人的行为、维护协作劳动和共同生活的功能。人的爱心不是天然生成的，它是社会人的精神品质，它产生和植根于人的共同体生产关系和生产方式。如劳动协作、成果共享、生活互助、赡老育幼等社会关系，就是氏族人的相互关爱心理的社会基础。

人的情感是随着原始人类的文明演化而不断丰富和优化的。人是历史地形成的，经历了猿、类人猿到人的演化。初始人类经历了一个由蒙昧、野蛮到文明的发展过程。人的文明发展首先是物质文明的发展，它表现在人的生产力的提升和物质生活资料的充实化，同时是人的文

明情感心理的形成，如人的相互关切心的强化，共同体内部人们相互间愈加友善，对儿童与老人的抚爱，等等。考古学家发现了数万年前远古人类葬仪，包括对先祖的单独墓葬和儿童的群葬，表现了远古人的尊老爱幼和惜生重逝的心理形态的形成。

哲学家们长期进行着有关人性"本善"或"本恶"的讨论，这种讨论的方法论和出发点是把人作为一个个孤立的和独自维生的自然人。历史唯物主义阐明了人是社会人，人的心理情感品质是社会地形成的，带有精神上层建筑属性，从而是由经济基础性质和社会生产方式的状况决定。这就要求我们从劳动、生活方式以及社会制度的性质及其变革来考察人性的变化。马克思指出："人的本质并不是单个人所固有的抽象物。在其现实性上，它是一切社会关系的总和。"① 基于这种方法论和历史观，人们不能把原始人的情感、心理特征视为同文明人一个样。我们不能以现代男欢女爱和独生子家庭的情感模式来描绘原始母系氏族下的男女之情与父（母）子之爱。原始人类的生成来自类人猿的进化，这决定了原始人在精神上必然会保留有生物性质或痕迹，就氏族社会来说，氏族内部成员间存在互相关切，但在异族间则是互相敌视，为争夺生活资源频繁发生种族战争和仇杀异类。氏族人宗教祭祀中经常实行杀俘，甚至食俘行为，更是初始人类的性格中的生物兽性的表现。达尔文在《物种起源》中就记叙了土人暴怒时对亲子进行残害的行为。

小 结

第一，情感心理情感机制是脑神经组织的一种运行方式。具有脑神经结构的动物的心理情感机制之所以形成，在于处在自然竞争、优

---

① 《马克思恩格斯选集》第1卷，人民出版社，1972年，第18页。

胜劣汰中的生物为增强自身生存能力的需要。

第二，草食动物实行不同程度群居，共享生活资料。动物的共处、共生行为中表现出一种类亲和心理。灵长类动物如猩猩，群体共同生活，相互依护，类亲和心理机制有了进一步发展。鸳鸯、鸽子、牡禽与牝禽之间保持长期配偶共同生活。许多动物都具有亲和心支撑的护幼行为。母鸡对幼仔的细心哺食，辛勤养护，特别是为保护幼仔而奋起与老鹰搏斗。一些聪慧的犬类更有舍身救主的行为。人们可以在文学著作中读到许多歌颂鸳鸯的"情爱"和犬的"忠义"的动人的故事。

动物的类亲和心态产生于适应动物的共生需要。实行同类群居的动物，共同享用食料，交配生育、繁衍物种。为此，要求建立起同类共处共容的行为方式。如果同类互相敌对，自相残杀，物种就会毁灭。类亲和心理正是由此产生，成为维系和巩固动物的共生行为的心理纽带。动物不仅有类亲和心理，还存在对异类的敌对心理，后者鲜明地表现在动物与它的天敌间的互相凶猛撕斗、相食中，这就是人们通常说的"兽性"。尽管文学家们用适用于人类社会的伦理标尺对凶悍动物的这种"兽性"进行贬斥，称之为"罪恶行为"，但这种"特殊心理素质与行为方式"，是动物在激烈的生存竞争中形成的，从而具有自然的合理性。

第三，人际类关爱心理的形成和历史演变。善良人性是在人类的社会生存方式下产生的。人对人的相互关爱作为一种特殊心理精神活动方式，产生和植根于具有共同体性质的生产方式和社会关系中。原始社会成员间共劳、共生、共济、休戚与共的社会关系，成为氏族成员相互关爱的制度基础。

原始人类的劳动共同体处在由低级形态向高级形态的发展中，共同体性质的增强，意味着人的原生动物性的扬弃和类关爱心的增长。

马克思历史唯物主义理论科学地阐明了人类社会由原始公有制社会经过奴隶制社会、封建社会、资本主义社会，再进入社会主义、共产主义社会的历史辩证法。阶级社会把原先的共同体社会成员一分为二，一方是占有生产资料从而大量占有无偿劳动的剥削者、统治者。另一方是被剥夺了生产资料，从而被剥夺了劳动成果的劳动者与穷人。阶级社会所固有的对抗性的生产关系决定了阶级社会中，人的"类关切"存在于私有者利益共同体和无产者利益共同体内部，而敌对阶级之间的精神情感行为则表现为怨恨与仇视。特别是在奴隶制社会，奴隶主对奴隶进行非人的人身残害，表现出统治者心理中动物性的一面。即使是当代号称文明世界的西方发达资本主义国家，享尽荣华富贵的富人们对待贫穷困苦的同胞也是冷漠与无情。在那里，远远不是自由、平等、博爱、"温情脉脉"的欢乐世界。

未来共产主义将废止生产资料私有制，消灭人对人的剥削，结束人们在物质利益上的冲突，实现自由劳动者共同体的构建。在我国建设中国特色社会主义的伟大实践过程中，人们休戚与共的崭新人际关系业已产生，并将日益发展，这是人类文明发展进程中的根本性的变革，它将会带来人的精神情感品质不断提升，人人为我、我为人人，将成为广大社会成员共同的心态，这意味着人类的善良人性获得更高、更全面、更完善的发展。

三、道德理念与人的理性行为
——道德人的生成

（一）支配人类情感心理的生理神经机制
人是情感的动物。情感是脑神经运行的一种方式。人在生活中遭遇到的物与事，首先通过感官以及大脑整合功能形成感觉。其次，借助大脑神经元联结机制，使感觉引发司情感的神经元的运行，从而使上述生理性的感觉获得另一重情感叠加和体现为某种快乐的心理感受，或是某种抑郁的心理感受。上述使人的感觉引发更深层的情感心理感受的大脑神经机制，可用关系式表述如下：

PM=f（NK·NA）

PM 为人的情感心理状态，NK 为外物与事在人身形成的感觉，NA 为人的大脑司情感神经元的运行方式。f 为彼此间的作用关系。

人体由复杂生理结构和发达神经系统组成。大脑是神经中枢，它把感觉行为、认知行为和情感行为的神经分支联结起来，形成三种互联、互通、相互影响的行为。

人的情感行为，首先要受感觉的影响。如人通过进食消除了肠胃饥饿感和借助脑神经联结功能，获得心理的愉快。假设他享用的是一餐美食，他在消除饥饿感外，更会获得倍加的心理快乐。

在这里我们要强调的是：认知机制是影响人类情感的重要因素。人类认知包括知识性认知和意识性认知。知识性认知是客观事物及其运行规律在人脑的反映。现代人都具有对进食的科学认知，懂得进餐不仅要饱腹，而且要讲求卫生。他们面对不洁的食物会失去胃口，而在享用绿色佳肴时则倍生快乐。文明意味着人类具有更多知识并有了更多的来自知识引导的行为。认知和知识更加成为影响人类情感和行为的因素。

意识性认知是社会人认知的重要内容。意识性认知，指的是意识形态或伦理、宗教、政治等社会观念，它们是物（包括人）与事在社会人脑幕中形成的特殊认知脑象。

意识性认知对人的行为起着重要制约作用。人类心理的特征是：

它与脑幕中事先确知的社会意识标杆相符的行为会体现为愉悦的心理感受，而与脑幕中的意识标杆相忤违的行为会带来自责、蒙羞等消极心理感受。

关系式如下：

$$NA = f (NK \cdot NZ \cdot NG)$$

NA 是司情感的神经元运行方式，NK 是司感觉的神经元运行方式，NZ 是司一般知识的神经元运行方式，NG 为司社会意识的神经元运行方式。

（二）价值观及其功能

价值观念包括人的伦理观念、政治观念、宗教观念、艺术观念等，它是置身于特定的社会生活中的人产生和形成的社会意识或意识形态，也称为价值观念或价值观。从根本上来说，价值观念是处在特定生产关系和生活境遇中的人对待事与物的基本观念，是植根于经济基础之上的上层建筑。意识形态属上层建筑，是为社会经济基础服务的。意识形态在原始氏族社会就已产生，在阶级社会中意识形态具有阶级性，社会的主流意识则是为维护既有的占统治的生产关系服务的。

价值观念是人类对外物（及自身）的一种认知形式和行为评价方式，这种价值评价包括对他人评价和自我评价两个方面。人类基本价值观念，表现为下列范畴：好与坏、是与非、善与恶、荣与耻，等等，这些观念是人进行行为价值评判的标准。氏族人生活于原始社会共同体内，他们实行劳动协作，将猎物上交，由氏族首领分配。最初氏族人大脑中还没有"好""坏""善""恶"等抽象价值概念和明确的话语，但他们心目中已经把上交猎物视为是"好"的行为，氏族人会对这种行为"点头"，表示"首肯"，或发声说"好"，这已经是简单的抽象思维和价值评判行为。

价值观念与价值评判机制不仅是一种认知形式，而且是一种社会心理形成和运行机制。获得正面评价的人会生起"荣耀心"，而获得负面评价的人则会生起"羞耻心"。这一社会心理机制对公众行为发挥鼓励和约束功能，也就是鼓励正面行为，抑制负面行为。形成和依靠完善的社会意识的心理机制，就能够促使共同体人自觉维护现有社会生产关系和公共秩序。

羞耻心是人类原始社会心理的重要内容。在血缘性组织的氏族社会，规制人的性行为，特别是克服原始群的乱交行为，成为维护氏族的婚姻形式，提升氏族人的生理素质和生存能力的现实需要。在这一社会背景下以乱交以及公开性行为为羞耻的社会意识和社会心理就逐步生成。依靠羞耻心对性行为的引导与抑制功能，氏族人形成了受氏族婚姻形式制约的性行为模式和家庭生活模式。性羞耻意识和心理，不仅使人类性行为方式得以与动物相区别，而且成为使氏族社会婚姻制度得以巩固和发展的精神要素。

羞耻心不仅表现在性生活上，即性羞耻，而且表现在人的其他生活层面。氏族社会中人们以参与集体劳动、集体消费和祭祀等公共活动为荣。封闭的自然经济形态下的氏族人以使用财富为"价值"。解放初期西南边陲地区一些少数民族缺乏交换价值观念，他们给肥重的老羊或牛戴上红花，为外来的客人杀羊宰牛。在以物易物的对外交易中，人们视讲价还价的交易行为为羞耻。上述少数民族地区人们的生活习惯表明：人总是基于他们所植根的社会经济制度和社会生产、生活方式的需要，确立某种特定的价值观念，用来引导和规制群体的行为。尽管人们自己不知，但却这样做。

以上论述说明，价值观是处在特定社会生产关系和利益格局下的人的思维形式和心理体验，是特定社会人的特殊情感、爱憎理念的升华。社会制度和利益关系是生成、培育价值观念的土壤。伦理价值意识形成的逻辑是：首先有某种社会制度、利益环境的形成。其次，人生长于斯境、生活于斯境，爱憎歌哭于斯境，想事方式与情感方式也就形成于斯境。长期的生活实践中积累的利害感受与情感体验，就会上升和形成人们脑幕中的某种价值观念形式和行为价值评判模式。群众脑幕中朴素的价值观的形成，再经过知识分子的理论加工，进一步上升为更为系统的价值理论形态，成为加强和提升群众脑幕中的价值观的精神力量。可见，社会生产关系和利益格局，成为人们头脑中价值观萌发和生成的现实基础。

价值观念是立足、植根于社会制度的人的意识形式。马克思做出的经典表述是"社会存在决定社会意识"。价值观念不是人脑中固有的绝对观念，而是处在特定生产关系中，有着特定物质利益关系的人观察事物的基本方法和"观点"。处在不同社会背景和不同经济、社会地位和生活状况的人，他们对同样的事必定会表现出不同的情感爱憎，有着不同的想事方式，他们脑海中存在不相同的价值观念。正如人们说的"戴什么颜色的眼镜看见什么颜色""站在什么山头唱什么歌"。社会主义的价值观体现的是全体人民的利益，是人类历史上最先进的意识形态，这一社会意识体现的人民共同利益性与价值评判的科学性是相一致的。

（三）意识形态参与下的人类情感形成和品质的提升

1. 人性是社会关系的人格化

初始人类的情感心理，也就是人们通常所说的人性，是善还是恶，是一个学术界千百年来争论不休的问题，这一问题只有在马克思历史唯物主义理论指导下，结合现代脑科学有关动物以及人的心理活动的阐述，才能得到正确解决和科学阐明。

情感、心理活动是动物大脑神经结构的运行方式。只有地球生物自然演化中出现了有发达的脑结构的高级动物以后，才有情感心理活动的出现。低级的、尚未发育出神经组织，特别是脑神经结构的生物，如植物，就不存在情感心理活动，如人们所说的：草木无情。

动物具有情感行为，但动物的情感与文明人类情感行为有本质差别。动物的心理情感方式产生于它们的生存方式。动物除了蚂蚁、蜜蜂、猩猩等群居性动物外，大多独自求食谋生，这种自求生存方式要求动物具有和形成自我关切的基本心理情感模式。生物圈内动物快速增殖与生存资源有限性的矛盾，决定了动物为谋生而相互竞争。后者表现在肉食动物为争夺食物而相互撕斗，甚至同类相食上。这种达尔文称之为"适者生存""优胜劣汰"的自然法则，更催生了动物敌视他兽，特别是敌视异类的丛林心理与情感。

人们习常的观念是：将动物激烈的生存竞争行为称为"恶行"，也将动物相互敌视的心理称为"兽性"，视为"罪恶"的东西，这是一种浅薄的世俗观念，是将适合于人类的伦理思维照搬于动物界，用来评判动物的本能的行为。按照本书的论述，动物相互敌视的心理模式之所以形成，正是服务于动物世界的"弱肉强食"的行为模式。基于生物自然演化的理论，动物的行为模式，包括情感行为都是生命体适应特定的自然环境做出的主体反应。动物的行为从属于丛林法则，也就是实行弱肉强食，这是动物为维持生存的本能行为，具有自然的合理性。人们不能以人类的意识形态和善恶观念来评判动物行为，更不能对动物的"暴行"实行"惩处"。

人类的行为决定于对外物与事的认知。氏族共同体中的人，其一，他认识到其他成员和他存在血缘关系；其二，他认识到其他成员是他的劳动和生活的"伙伴"，而不是"敌人"，这种认知使氏族人和睦共处。氏族人不仅在劳动与生活中共处，而且视其他成员为自己的兄弟姐妹，他们具有互相关爱的人类情感。这种人类的情感在社会关系中形成，是一种社会性情感。生存于劳动共同体中的人，共同劳动、共同生活、互助互利的社会关系，决定和赋予社会人相互关爱的心理。既然氏族大家庭中，人们在劳动与生活上相助相依、休戚与共，他们彼此间怎么不会自然而然地生出相亲相爱的情感与心理呢？可见，社会共生共济关系和利益纽带是人类相互关爱心产生的制度根源。

2. 认知与人的情感塑造

情感是一种精神活动，是外物与事在人脑引发的反映，表现为司情感神经元的运行。人的情感是一种高度复杂的心智活动，后者要受到人脑对社会存在的认知——知识形成和社会意识形成——的影响，也就是说，有关客观存在的知识与社会意识都是参与人的情感模式形成的因素。就劳动与命运共同体的公有制社会来说，一旦人们通过学习，认识到人与人相互之间是一种人人为我、我为人人、互助共济的关系，脑海中这种知见的建立，就会使共同体人生起和形成互相关爱的心理和情感。这是一种知性与知识机制参与的投桃报李式人的情感活动。图式如下：

共同体社会 ⟶ 认识与知识形成 ⟶ 人际关爱心的形成

共同体社会 ⟶ 精神反应机制

按照以上图式；（1）现实的社会生活是人的精神活动产生的物质基础。（2）人的行为首先决定于人对社会的认知。（3）在认知（知识）

机制下产生的情感方式，是影响人的行为的重要因素。

3. 意识形态参与人的情感品质的提升

就劳动与命运共同体社会来说，人们通过生活实践形成了他和其他人之间的互助协作关系的知见；在人与人之间相濡共乐的生活实象的启迪下，人们会产生和形成与他人共难同乐的伦理观念和理性认知，并且会在这种理性认知影响和支撑下，进一步产生一种高品质的人际关爱模式：首先关爱他人，关爱集体，然后关爱自己，甚至是完全关爱他人，"毫不利己，完全利人"。这是一种为文明人类所独有的情感心理模式，这意味着生物人向道德人的转化。这种意识形态塑造的理性的人类情感，鲜明地体现在历史上古往今来众多英雄人物身上。

价值观的情感塑造功能图式如下：

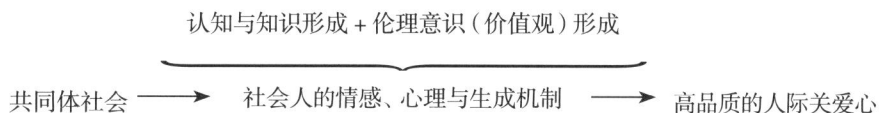

认知与知识形成 + 伦理意识（价值观）形成

共同体社会 ⟶ 社会人的情感、心理与生成机制 ⟶ 高品质的人际关爱心

（四）情感的丰富与多样化

人类精神活动是立足和派生于人的物质生活活动的。人类不仅要构建起适应生产力的水平的物质生产和生活方式，而且要构建起适应物质生产和生活方式的情感心理方式。随着社会物质文明由低级向高级的发展，人类精神文明也会相应发展。情感心理的文明化，是人类精神文明发展的重要方面。

情感心理的文明化表现为情感方式多样化。原始氏族社会人简单的谋生与消费行为，决定了他们较为简单的情感生活。"日出而作，日入而息，掘井而饮，耕田而食"，是中古小农生产方式和农民素朴的生活模式。随着人类社会的向前发展，物质生活与精神生活内涵的扩大，人的情感活动得以拓展，情感方式更加多样化和丰富，产生了人际关爱心的多样形式。如夫妻间的恩情，父（母）对子女的慈爱，少男少女间的恋情，兄弟姊妹间的手足情，同学、同事间的友情，乡邻间的亲情，以及血浓于水的同胞情、民族情，等等。人在参与有组织社会生活中会生起对劳动协作者、生活共助者的关爱心，以及对社会生活组织者——领袖和英雄人物的敬爱心。

人的情感活动是开放式的，生活交往产生情感。人在多种多样的社会生活实践中会衍生出对物、事、社会组织等的多样情感。人在劳动实践中产生对劳动、专业工作的爱好心，以及对自身劳动成果的珍惜心。养畜者在与动物交往中生起对养畜对象的爱心。人在生活中建立起对自己的故乡、故居及使用过的旧物的爱心。劳动者珍爱他使用的工具，文人珍爱他的书、纸、笔、墨、砚。人与自然长期相处中会建立起对大地、草木、山河的敬爱心。"爱人者兼其屋上之乌"，这也是情感衍生的表现。

由于国家具有保卫疆土和维护国民生活安全的职能，决定了人民对祖国的关爱之情。祖国不是一个抽象概念，祖国之恋也不是文学家的杜撰，而是社会人对他们——从祖辈到子孙——的共同利益维护者的深情至爱。效忠祖国从来是每一个中国人共同的心态。当今中国人民发自内心地齐唱："有国才有家，有家才有我""奋进新时代，奋斗新征程"。作为一个中国人，无论你今天旅居世界何处，你始终不会也不可能忘记你和先辈所由出生的本土与中华民族的本根，你的心会永远为祖国而怦怦跳动。

（五）对高尚价值观念的坚守与人类理性行为

第一，作为神经中枢的人脑，是宇宙物质演化中产生的最高级的物质体，它以其复杂、精巧的脑神经结构的运行方式，支撑和实现了世界上唯人类特有的理性行为。人从实践中获得知识，又以知识引导行为；人又从生活中兴发情感，以情感优化行为；人还从家庭生活和社会生活中形成伦理意识，在伦理意识指引下实践德行。可见人以其高级精神活动实现了有智、有情、有德的理性行为，特别是先进的、利他的伦理意识的创建是人类精神结构的主心骨，是英雄人物的光辉德行的精神支柱。儒学把克己复礼、修践德行作为人生最高境界。康德在《实践理性批判》一书中写下名言："世界上有两件东西能震撼人们的心灵，一件是我们心中崇高的道德标准；另一件是我们头顶上灿烂的星空。"

第二，价值观念是人脑的认知活动的一种重要方式。人脑有三种认知活动方式：其一，认知与知识形成活动，它赋予人类行为以智能属性，形成知识引导的行为；其二，心理情感活动，它赋予人类行为以快活、痛苦、愤怒等情感属性，形成情感激发的行为；其三，价值观念生成活动，它赋予人类行为以善与恶、荣与耻、正义与邪恶等道德伦理属性，引导人们去践行德行。

价值评判是一种复杂的精神活动。首先，它是大脑的认知思维，即大脑把某种人的行为、事件归结为某种价值评判标杆。其次，借助大脑的神经联结功能，作为认知活动的价值评价会牵动、引发司情感的神经元的运动，从而形成人的积极的或消极的情感心理感受。如"善行""德行""正义"等概念的确立，会生起一种特殊的心情和感受：或是愉悦欢欣、神舒气爽或是无惧无忧、慷慨激昂，或是忍饥忘痛、无怨无悔……可见，伦理价值观念的形成和评价机制不只是人类大脑的一种特殊的认知思维活动，而且它促使一种特殊的心理情感活动的形成，这样的由特定的伦理意识活动产生的一种特殊的和复杂的心智活动，人们称之为道德体验，或道德情操。

第三，伦理价值观念的生成和道德行为评价，是一种高级的精神活动。伦理价值思维是一种复杂的抽象思维，它是具有发达大脑的人类所独有，哪怕具有初级思维的猩猩与犬类，也不具有价值思维能力。动物行为由物质、生理性感觉引领，如面对猛兽时牛羊等弱兽纷纷四散、夺路奔逃，它们的行为受自我保全和趋利避害的生物本能驱动。而人类却具有一种基于头脑中的伦理价值理念，面对大敌却无所畏惧，甚至不惜自我牺牲、以身殉义，这是一种逾越生物人的自然生理本性的"超常行为"，就更深的含义来说，它是先进人类身上实现的精神对物质的超越。

这种由价值观念指引的英雄人的行为，是立足人类大脑结构神经的极其复杂的运行，它使人的机体中潜在力量得到调动，形成强大的意志力，使人能经受各种痛苦，战胜一切艰难险阻。

可见，人的践行完美的伦理理性行为，在于人对高尚的价值观念的坚守和人固有的精神力——道德意志力——被充分调动。

第四，价值理念的生成及其对公众行为的引领，体现了一种社会机制，即社会人的精神品质的塑造，从而使人民群众行为适应于社会制度的要求。人类历史上不同的社会形态都在利用这一机制。在社会主义劳动共同体社会中，构建先进的价值观，加强它的传播和对公众行为的引导，用它来引导、激励公众的德行，更加必要。社会主义价值理念的构建和在人民群众心中的厚植，成为社会主义生产关系进一步完善的精神条件。

第五，发挥价值观念的行为引领功能，需要有：（1）价值观念的生产，它表现为精神生产者——特别是理论家、哲学家、文艺家——的哲学、人文学术成果的生产；（2）社会主义的道德伦理建设，加强先进的和科学的价值理念的生产、宣传、教育，特别是发挥先进人物的身教以及先进文化濡染的功能。

（六）中国传统文化与儒学道德人塑造理念

中华民族历史悠久、文化昌明。夏商周以来的中国古代社会就开始了人文伦理精神的国家构建。2500 多年前的春秋战国时期是中国早期诸侯鼎立、分权的封建制度向中央集权的封建制度转型的时期。这是中国早期商品交换经济大发展，从而引发出一场社会大动荡的时代。由周天子发号施令的旧政治秩序急剧崩溃，诸侯国林立，互相征伐，攻城略地，战乱不休。一国之内，领主们争权夺位，臣弑其君，子弑其父，统治者们为谋私利而相互算计，背信弃义。为了进行战争，统治者对农民横征暴敛，民不聊生。这是一个社会大变革时期，秦国有确立土地私有制度的商鞅变法，齐国有管仲的新政。这是一个文化大变革、大发展的伟大时代。诸子百家争鸣，策士仕人议政。在上述社会大变革的历史背景下，针对东周初期封建主义政治、社会秩序崩解、"人心不古"、伦理道德败坏的乱象，孔子提出和阐述了以"仁"为核心，以仁、义、忠、孝、礼、诚、信等为基本范畴的儒学理论。仁即关爱他人，核心是"爱民"。义即对人知恩图报。忠即对明君和国家的忠诚。孝即对父母的情爱。敬即对师长的尊敬。儒学重视人的修养，要求人"正心诚意"，着力于树立"仁心"，用来待人、接物、处事、理政、治民。汇集孔子思想的《论语》一著中对君卿士大夫各类士人的行为，做了细致的论述与制度安排，为我们描绘出一幅古代儒学思想家所想要构建的一言一行必依礼、从德的道德人的具体形象。

孔子周游列国，向各国君主阐述他的"以仁树人""以德兴国"的理论。孔子苦口婆心地阐述，只要君主率领卿仕大夫以身作则，着力道德伦理修养，践行德行，就可以正人心、肃纲纪、得民心，实现"德治"。

我们已论述过：伦理观念是立足于特定生产关系与利益关系的思维方式。在阶级社会中不同阶级的人们的伦理观念不可能一律。对在日常生活中的勤劳与懒怠、奢靡与节俭的评判，统治者与庶民，富人与穷人的观点从来就不一样。对善与恶、德与愚的看法，地主与农民不可能一样。对资本带来利息这一生产关系的本质，资产者与无产者的观点更存在根本对立。这也就是说，立足于多样现实利益关系的阶级社会的价值观念，表现为对立、多元的阶级性意识。

儒学中有关"天地君亲师"以及君子、小人的等级观念，有关君权至上，庶民百姓必须忠君爱主，遵守朝纲，不可犯上作乱，以及妇女必须谨守"三从四德"等观念，在本质上是维护以皇权为中心的封建意识形态。

封建社会的历史是地主剥削压迫农民和农民进行反剥削、反压迫斗争的历史。儒家的皇权至上和忠君爱主的基本理念，适应了封建主维护其统治的政治需要。基于此，西汉董仲舒提出"罢黜百家、独尊儒术"。从此，儒学在中国中古社会的日盛，不少封建王朝将儒学奉为"国教"。《论语》《孟子》等成为士人必读的经典，宋代宰相赵普更提出，"半部《论语》治天下"。隋唐以来实行科举取士，研习孔孟经典成为士子中选升官之途。在上述教育、从政、升迁机制下，开创了中国中古时期的儒学人文理论的人心厚植，它促使开明君主实现"良治"，成为维系中国中古封建社会长期稳定重要的精神依托。特别应该看到：儒学作为一种文化精神形态，它绝不是消极的东西，中国社会从春秋战国以来2000多年的文化精神发展中，儒学中的积极伦理理念与亿万人民群众自身的淳朴的伦理观念相结合，从而塑造出中华民族特有的敦的伦崇礼文化心态，这一中国文化精神形态深入人心，并且代代相传至今，成为中华文化之根，"黄皮肤"民族之根。

人类的精神生产物，包括知识性、理论性、艺术性的精神产品，具有多重实践功能。历史唯物主义要求我们对历史上出现的重大人文理论的功能进行全面观察和科学评析，而不能简单地划定是与非和轻率地取舍。

孔孟学说是一个内容博大的人文理论体系，它不仅包括社会政治伦理学说，而且还包括哲学、教育学、艺术学等方面的重大理论和观点。这一中国古典学术体系既有用于维护封建制度的阶级性论述，又有可用于指导社会人的健康的心理形成，匡正人的正常社会交往行为，调节和完善人际关系，形成良好社会治理的普适性内容。

我们要坚持继承与创新的统一。对孔子、孟子、老子以及其他古代中国杰出思想家的理论遗产，即使是那些原本用来维护封建主义的理论阐述、范畴、命题，经过马克思主义的梳理和辨识，从我国社会主义实践需要出发，去其糟粕，取其精华，进行创新性转化，实现有梳理的继承。中国古代人文理论是中国特色社会主义文化思想建设的重要精神资源，并且也是有重要影响力的全人类精神财富。

我国是有悠久昌明文化之邦，2000多年来的中国古代和中古社会的发展积累了深厚的伦理资源。中华精神资源培育出中国人的崇德尚礼、克己奉公、轻利重义的精神品格，创就了一大批杰出的道德人。在《史记》中，司马迁对中国春秋战国时期出现的众多古典英雄人物为国忘家、杀身成仁、舍生取义的英雄事迹，浓墨重彩地加以描写。中国各个历史时代，都有一大批坚守高尚价值理念的志士仁人。南宋时英勇抗击元军、宁死不屈、慷慨就义的文天祥，在就义前写出彪炳史册的《正气歌》，歌颂了中华英烈捍卫道德理念的大无畏精神。

"天地有正气，杂然赋流形。下则为河岳，上则为日星。于人曰浩然，沛乎塞苍冥。皇路当清夷，含和吐明庭。时穷节乃见，一一垂丹青。在齐太史简，在晋董狐笔。在秦张良椎，在汉苏武节。为严将军头，为嵇侍中血。为张雎阳齿，为颜常山舌。或为辽东帽，清操厉冰雪。或为出师表，鬼神泣壮烈。或为渡江楫，慷慨吞胡羯。或为击贼笏，逆竖头破裂。是气所磅礴，凛冽万古存。当其贯日月，生死安足论。地维赖以立，天柱赖以尊。三纲实系命，道义为之根。嗟予遘阳九，隶也实不力。楚囚缨其冠，传车送穷北。鼎镬甘如饴，求之不可得。阴房阒鬼火，春院闭天黑。牛骥同一皂，鸡栖凤凰食。一朝蒙雾露，分作沟中瘠。如此再寒暑，百沴自辟易。嗟哉沮洳场，为我安乐国。岂有他缪巧，阴阳不能贼。愿此耿耿在，仰视浮云白。悠悠我心悲，苍天曷有极。哲人日已远，典刑在夙昔。风檐展书读，古道照颜色。"这篇诗作高昂地歌颂了中华历代英烈，为国捐躯、捍卫道德理念的大无畏精神。在300年后的今天，读诵此诗仍使人荡气回肠，涕泪零零。

中国近代社会，由于封建朝廷的横征暴敛，腐败昏庸，国事日败，国力日衰。19世纪以来，帝国主义列强不断对中国进行军事入侵，烧房残杀，生灵涂炭，国家、民族处于危亡险境。中华民族是具有自立、自强精神的民族。为挽救危亡，振兴华夏，反帝反封建的人民革命的烽火在中华大地四处燃起，在19世纪末出现了许许多多坚持变法维新的进步改革理念，并且为之赴汤蹈火、誓死抗争的仁人志士。中国共产党成立以来，领导了反殖民主义和反封建主义的民族解放斗争。马克思主义的科学理论，以及立足于历史唯物主义的最先进的价值观念，是动员人民群众投身革命的伟大精神力量。人们看到，中国共产党的理论唤起了中华民族奋起抗敌卫国，争取民族独立的决心和意志。特别是李大钊、杨靖宇、赵一曼、瞿秋白、夏明翰、江竹筠等可歌可泣的事迹，书写了当代中华精英"以身殉义"的最光辉的篇章。

可见，中国传统文化中优秀的伦理价值理念，催生出中华英杰的古典英雄主义行为，马克思主义的科学理论，则在 20 世纪的中国催生出中国共产党人和先进人士为争取民族解放和民族复兴的革命英雄主义行为，把道德人的创造提升到光辉的顶峰。

第七章

关于人类认知与脑象形成机制

一、知识引导人类行为

（一）知识引领行为

人的行为特征是先有做什么、怎样做的观念，我们称之为目的或规划、安排，然后才有观念引导的行为。马克思说："最蹩脚的建筑师从一开始就比最灵巧的蜜蜂高明的地方，是他在用蜂蜡建筑蜂房以前，已经在自己头脑中把它建成了。劳动过程结束时得到的结果，在这个过程开始时就已经在劳动者的表象中存在着，即已经观念地存在着。他不仅使自然物发生形式变化，同时他还在自然物中实现自己的目的。"[①]

马克思认为：人在他开始生产劳动之前，他已经把做什么和如何做以蓝图形式设计好了。而这个蓝图则是生产知识的体现。由此可知：人类行为是立足于认知，体现了知识引领。

[①] 《马克思恩格斯全集》第 23 卷，人民出版社，1972 年，第 202 页。

原始人在狩猎实践中，发现尖锐石器可以有更大猎捕效果，他们就开始磨制多种多样的石刀、石斧，通过总结工具制作和使用的经验，不断进行工具创新。由旧石器制作到新石器制作，再到青铜器、铁器一直到机器、信息技术，人类生产历史上这一切工具的创新，依靠的是知识、科学的进步，体现了人的行为受知识引领。反观低级生物，如植物、昆虫，它们都没有认知行为，即使是大脑较发达的猩猩以及犬类，也只能有简单的思维，还说不上有真正的、知识引导的行为。黑猩猩数百万年来只是不断重复由其本能规定的原初的行为和生活模式，而人类却能够通过知识生产和科学进步，不断提高生产力，革新生活方式，发展和完善行为，实现人身心品质的优化。

（二）大脑是人类思维活动的物质生理基础

进行发达的思维活动，包括感性思维与理性思维，是人类的鲜明特征。人生存于自然环境中，眼观物的形，耳听物的声，口尝物的味……在脑幕中形成外界诸物的形象，再经过大脑的思维加工，在脑幕中确立起反映外物的概念。猎人说：这是鹿，那是熊，它是马。概念的形成，意味着人通过大脑获得了以抽象思维形式反映外物实象的知识。人在日常生活中进行不断的感性思维和抽象思维。文学、艺术家从事专业性的感性思维，哲学、科学家则从事专业的理性思维。思维的深化使人越来越"真实地"认知世界和发现真理。

没有发育出神经组织的生命体也具有自主反应行为。植物能对外物形成感知，某些植物灵敏的感知和自主反应机制迄今未获得科学机理上的阐明。发育出脑神经结构的动物，具有某些简单的认知和智能行为，如海豚和鹦鹉已经具有简单的语言活动。但总的说来，非人类的智能动物都不能进行发达的抽象思维，它们的脑不能形成概念。而一岁多的幼儿却能用"Pa"（爸）、"Ma"（妈）等概念、语言形式来认知父母。

抽象思维是发达认知器官即人脑神经结构的运行方式。更具体地说，是大脑神经元、突触、神经通路等神经组织结构的运动。人类拥有发达的脑组织，包括大脑、小脑、脑丘。就躯体力来说，人是动物界中的一个弱者，跑得最快的肯尼亚田径选手也不能与狼竞赛。人在臂力与肢体力上不如熊，在听力上不如鹿，在视力上不如鹰，在抗寒力上不如猫，在记忆力上不如大象。但是人类却拥有动物中最发达的大脑。人脑神经元大约有600亿个，据估计，被使用的只占3%。因而，现有人脑还拥有进行深度开发的广阔空间。在科学训练下，人脑可以从事更复杂的精神活动，如进行复杂的心算，提高识别能力与记忆能力，形成更精细的逻辑思维能力和更宽广的想象力，等等。人类经历数百万年自然演化业已发育出一个具有高智慧的大脑结构。抽象思维能力是人类大脑的最重要的功能，是人类对世界进行不断深入的认知和获得日益丰硕的科学知识的物质、生理基础。

（三）人的认知和脑象形成机理

思维活动是人脑所具有的一种高级的脑神经运动，我们将其称为脑象形成机制。大体包括：（1）外物作用于人的感官，在人的脑幕构造和呈现一个直观性的感性形象。（2）脑幕中多样脑象并列与比较、辨识，形成差别象。（3）舍除差别象，抽取共同象。

上述脑象形成与加工、整合的思维活动，都属于人脑神经组织的运动。具体地说是脑神经结构不同区域神经元的发生联结和神经网络通路的形成。其具体路径是：（1）外物表现为不同的外部作用束，通过感官刺激和植物神经的功能，传输到特定脑域，引发相关神经元的兴奋，从而形成特定神经网络通路，这意味着外物在脑幕的始象的形成。
（2）各种始象在脑幕并列，通过思维功能首先形成物的共象，然后是多层次类别象，最终是个象，这样的脑象递次演进实质是脑神经网络的调整和重构。（3）在脑神经联结机制下，大脑记忆库储存的相关联脑象的被抽出，参与脑象整合和重构。（4）在大脑神经元的联结机制下，各种想象引入和参与脑象形成。

可见，人类认知活动是外物在人的脑幕上的成象活动，其物质生理内容是人的脑神经元的联结和网络通路的形成。概念和知识就是各种脑象构成的图谱。知识有多种具体形式，包括感观性图像、几何形图像（抽象图像）、符号、文字、数字、语言（声音形象），等等。

综上所述：认知是一种高级神经组织的运行，它是人脑发挥抽象思维功能，把外物的作用转化为脑象的机制。脑象是多层次的。认知的深化体现了人的脑幕中感觉性脑象到抽象脑象的转换和演进。

二、论直觉、联想、想象

（一）联想与复合的直观形象的形成

直觉或直观是人的感官接受到的外在事物的信息在脑幕中形成的感性认识形式。如月亮会通过眼的视觉在人脑幕中形成圆月或缺月的直观形象，鸟鸣会通过听觉进入人的脑幕形成美妙的声音形象。生活中人所接触的众多自然物和社会事物都会在人的脑幕中形成相应的直观形象。

作为认识主体的人是有发达记忆的动物，他脑幕中呈现出的有关外物的直观形象都储存在大脑皮层即记忆库中，就像当前人们把各种信息以数字形式储存在电脑芯片中一样。纯直观是排除联想形成的感性认识。一个缺乏复杂生活实践经验的人的直觉，主要是外在对象在人脑幕中的直接"映象"或"镜像"，如人们感受到柳是绿的，月是圆的，花是红的。在这里，客观对象取得一种简单的感性认识形式，也就是纯直觉。

对人来说，纯直觉并不存在。现实的人，即使是儿童，在他的脑海中存在着：（1）从过去生活经历中获得的大量直觉、印象和意识；（2）通过教育而被灌输的意识。由于人脑有记忆功能，这些储存在大脑中的先前的直觉、印象、意识会通过大脑思维联想进入当下的感知、认识过程，并且在大脑的思维整合功能下，形成一种复合的直观形象。图示如下：

当下直观
先前直观
〉大脑思维整合 ——→ 复杂的直观现象

发达的联想是人类认知活动的特征。联想有两类：（1）属于对象自然关联性的联想，这就是：人们会将大脑中对某一个或一组自然物的当下直观和记忆库中的其他自然物的直观联结起来，由此形成一种内涵更为扩大的、复合直观形象。李白的《静夜思》："床前明月光，疑是地上霜。举头望明月，低头思故乡。"诗人脑海中呈现的当下直观形象是：床前遍地洒满月光。但诗人脑海中还储存有地上结满白霜的直观形象，这样就使诗人现实地感受到：床前遍地结上了白霜，这是一种由月光与白霜的自然物质性的相似而产生的人的思维联想，我们称之为对象自然关联性的联想。月白如霜的联想创造出一种艺术美。（2）属于对象社会关联性的联想。"举头望明月，低头思故乡"，诗人在认知上不仅进行明月光→地上霜的联想，他还进行明月光→故乡情的联想，这属于对象社会关联性的联想，这一联想使诗作所描绘的对象，即明月，添加了一种归故乡与家人团聚的人文、情感内涵，从而创造出分外的人文美。可见，文学艺术家通过活泼广阔的联想，完成了内涵丰富的美的创造。

思维联想不单属于诗人。联想是认知的一种方式，任何记忆和认知功能健全的人，都在生活认知中进行联想。人们会把记忆库中的储存物：感觉、直观、社会意识、潜意识通通动员出来与当下直观相结合，形成复合的直观形象。图示如下：

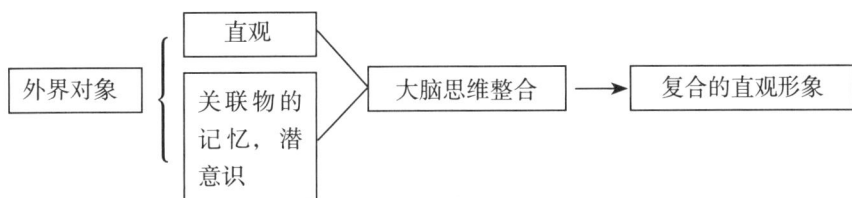

上图表明，人的感性认知，是思维联想介入下的当下认知，是在人脑库存的先前感性认识要素参与和大脑思维整合下形成的人对外物的复杂感受和体验。联想就其生理心理机制来说，是一种人的脑神经的运行。巴甫洛夫在其《大脑两半球机能讲义》一书中对大脑条件反射机制进行的分析，是对联想内在机制的早期阐述，现代脑科学进一步从脑神经元的联结线路和网络形成，对联想机制做了深入的阐明。

（二）联想与记忆

联想表现为人在当下认知中，借助思想整合能力，将记忆和储存于记忆库中的先前的认知资料与当下的直观相结合。由此，我们可以得出如下的有关联想的原理：（1）人的实践体验的储存是联想活动的泉源。（2）人的记忆能力越强，就越能开展广阔的联想活动。（3）

人的思维整合能力越强，就越能整合、组构记忆库资料，形成活跃的联想。

图式如下：

```
直观机制 ──┐
           ├──> 联想机制 ──> 复合的直观形象
记忆资料库 ──┘
```

活跃的思维联想有赖于人的生活体验的丰富和知识积累。人的脑海中先前感性认知材料的积累，来源于生活实践：（1）人总是在日常的生活（家庭、社会）实践中直接感知世界的，人的生活实践越是丰富，生活体验越广泛和深入，人脑海中的认知资料的积累就越加深厚。（2）人总是在学习、受教化活动中获得对世界的感性认识的。勤于学习和善于学习的人，就能通过受教育、读书等间接认知方式，汲取前人的认知来形成和增加自身对世界的认识。① 以上即生活 + 学习，也就是中国学人总结的"读万卷书，行万里路"，这是卓越的文学艺术大家形成的路径。

活跃的联想，需要有脑海中先前的感性资料与理性资料的积累，但更重要的是人的思维整合能力，依靠这一主观精神力，人才能实现当下直观与先前的直观的创新性整合和有效的复合直观形象的创造。大象有很强的记忆力，但它缺乏思维整合能力。许多人有丰富的生活

---

① 听取和收集口述资料是获得知识的重要方式，作家莫言称之为"用耳朵阅读"。莫言幼年听乡里老人讲各种民间传说，有关江湖好汉、野鬼狐仙的故事，这些感性素材都进入此后他的作品中。

经验，一些人博闻强记，他们有大容量的记忆库，但他们"脑子不活"，不善于联想，不能在脑海中进行认知材料的创新性"嫁接""整合"，因此，不可能成为伟大诗人。如果说"床前明月光，疑是地上霜"体现出一种贴近百姓生活的朴素的联想，那么李白《望庐山瀑布》"飞流直下三千尺，疑是银河落九天"中飞瀑下泻与银河漫天的脑象并联，以其新奇、壮丽的美的创造，体现出李白独具的出类拔萃的思维整合力。牛顿眼观苹果落地，联想到众多的物质落体现象，推演出地心引力的假设，体现了牛顿超凡的思维整合能力。可以说，强大的思维整合能力，是产生活跃的联想和创新性艺术和科学成果的最重要的精神条件。

（三）想象、艺术想象

在感性认识中，直观是人脑对客观对象（物与事）的直接"摹写"，联想是人脑将与对象有关联性的物与事纳入当下的感性认识中，想象则是人脑超越面对的现实情景，将一切"可以想到"的事和物引入感性认识之中。想象是人的一种最活跃的感性认知方式。

艺术想象是最活跃的感性思维。艺术创作活动，不只是体现创作者的直观活动，而且也体现创作者的联想活动，以及自由的艺术想象活动。即使是现实主义的文艺作品，也是属于当下直观＋联想＋想象的复合结构。

王维《渭川田家》诗描绘出一幅中华中古乡村祥和美好的田园生活风光："斜阳照墟落，穷巷牛羊归。野老念牧童，倚杖候荆扉。雉雊麦苗秀，蚕眠桑叶稀。田夫荷锄至，相见语依依。即此羡闲逸，怅然吟式微。"

这幅风景图画，也许并非是诗人对当下现实景象的写生，而很可能是包含有许多"心化为景"的想象成分，是中国优秀士大夫回归田园与民和谐相处同乐心态的艺术外化。

艺术创作活动，作为最活跃的感性思维，它把想象力发挥到极致，使其超越了眼前生活中"物"和"事"的现实可能性，成为一种能给人以美的感受的"艺术幻想"。中国咏月诗作，从苏轼《水调歌头》中"明月几时有？把酒问青天。不知天上宫阙，今夕是何年。我欲乘风归去，又恐琼楼玉宇，高处不胜寒。起舞弄清影，何似在人间"，到毛泽东作品《蝶恋花》"吴刚捧出桂花酒""寂寞嫦娥舒广袖"，这些词作所描绘的月中仙人以及嫦娥、玉兔、广寒宫宇等形象均是出自诗人的主观构想，而不是立足于也无须立足于事物的客观现实性。自由的艺术想象，突破了直观和联想机制中客观实在对作者主观认知的约束，它将与实在对象有关联的，或无关联的，甚至现实不存在的物与事，都纳入人的脑幕中，实现了一种无拘无束的艺术思维，构造出一种既实亦幻的艺术美。

想象是人类独有的精神活动。动物包括拥有某些简单抽象思维能力的黑猩猩都不会想象，它们吃饱后只会打盹，而人类则善于想象。想象是人类发达的认知方式，它把人类认知范围进一步扩大，人们说"想象给思维安装上翅膀"，它使人在脑幕中构造出一个源于现实，又超越现实的精神存在。

想象是文学艺术创作最重要的工具，也是文学艺术产品区别于物质产品的重要标志。普通摄影作品，即使用光精度最高级的相机，也只能是现实的摹写，而艺术摄影，特别是画家创作的风景画、人物画，不仅是"反映真实"，而且体现出创作者自身的理念和创意，属于高级精神生产品。想象作为艺术精神生产的工具，它不仅为浪漫派文艺家所倚重，也为现实主义文艺家所使用。

想象作为自由的艺术创新。思维，包含着艺术表现方法上的夸张，人物和故事情节的虚构。想象立足现实又突破现实，大大扩大了艺术创作的空间。中国三星堆的凸眼大耳青铜人面相，世界各地的原始图腾形象，以及远古流传下来的神话，都属于"想象艺术"。中国的古典文学名著，《西游记》《封神榜》《聊斋志异》《白蛇传》，以其大胆构想出的怪异、新奇的人物形象，充满人间爱恨的故事情节，启发人弃恶向善的社会人文内涵，成为世界魔幻文艺的经典之作。

在当代世界，适应大众日益增长的精神休闲需求，立足于想象的"想象艺术"，包括童话、魔幻、科幻文艺近年来大大发展成为文学的重要品类。但是我们也还必须看到，西方国家在商品市场机制和私利动机下劣质的甚至有毒的、疏离现实的、违反理性的后现代"想象艺术"的自由泛滥，成为当代西方文化危机的突出表征。

（四）积极的想象

想象不只属于诗人和艺术家。想象是人的精神生活的一部分，人每时每刻都在生活中进行超越现实的想象。农民在春播时想象秋收，织女在纺纱时想象制成布和衣，商人想象年终获得丰厚赢利，倦游者想象回到家园。

想象有积极的想象和消极的想象。积极的想象是那些能给人的生活带来积极作用的想象。人会为明天而安排好今天，想象未来会发生短缺和饥寒，促使人节约眼前消费和贮存财物；想象未来有疾病，促使人加强体能锻炼；想象未来生活幸福，促使人奋发努力；想象未来社会的文明、公正、科技进步，人会致力于当下的改革和建设。

进行积极的想象，是人类特有的精神活动，是一种人类在优胜劣汰的生物学规律作用下自我精神激励行为。人在艰难的生存条件下需要拥有和发挥积极奋进、战天斗地的精神。依靠大脑的认知功能，进行积极的想象，在脑海中构想出关于未来生活的美好图景，从而带给人以希望和获得鼓舞。远古人类已经擅长想象，他们通过神灵形式来发挥想象力。世界各地发现的原始艺术遗迹，如崖画、石刻、石画等刻有多样的自然神灵形象。流传下来的最早的神话，如中国《山海经》中的故事以及希腊荷马史诗《奥德赛》至今仍深受人们喜爱，表明了古代人卓越的想象力。

想象包括立足实在的想象，也包括超越现实，超越时间，空间约束的自由幻想。儿童在幻想中获得乐趣。青春总是和幻想做伴。神经绷紧的人们也会去瑜伽馆进行片刻平静心灵的幻想，放松一下竞争压力。信徒们更是沉湎于宗教幻想。但人不能靠脱离现实生活的胡思乱想过日子，更不能沉溺于妄想之中。理性的思维则要求人们进行立足于现实条件与可能的积极的生活想象，确立起经过努力而可以实现的关于明天的社会理想，包括经无数代人的努力，才能实现的愚公移山式的远大政治理想。

杰出的文艺家自由的艺术想象也从来不是脱离现实社会，脱离世情和人情的主观构想的。《西游记》中的孙悟空大闹天宫，《聊斋志异》中的狐仙，《白蛇传》中的许仙与白娘子的爱情纠葛，以及《哈利·波特》中的魔幻故事，这些虚构人物和故事情节，主人公的喜怒哀乐，不外乎是现实世界人物、人事、人情的魔幻化的表现形式。一切成功的超现实主义的文学艺术创作，对相关受众拥有的亲和力和吸引力，正在于其内涵的人世性和体现了人间事和人间情。可见，艺术想象之花，仍然是立足和植根于现实。

喜读中国与外国的文艺作品、经典小说的人都有这样的共同感受：深深震撼人心，一读终生难忘的、最美丽的艺术佳作，属于写现实、写生活的作品。

怀关爱人之心，关爱人间事、人间情，是人民的普遍心态，因而，社会主义文艺创作的根本要求是书写人民，写现实的人生。这就要求文艺家深入火热的现实生活，深入了解人民的生活，真切表达人民的喜爱、烦恼与期望，创造最能体现现实和时代需求的中国社会主义生活大美，而不能一味依靠想象，使作品与现实相疏离。

三、论脑象形成机制（之一）

（一）初生儿脑幕中的模糊象

人是具有认知能力的高等动物。呱呱坠地的婴儿就能感知，吮吸母亲的奶头和睁眼看外界，这已经是将外来信息转化为感觉的行为。初生儿的大脑还未形成用来整合和辨析感觉形象的思维操作，他脑幕中的物象没有大小，没有清晰区分的周界，也就是：A 即是 B，B 即是 C，C 即是 D。外物已经在初生儿大脑中呈象，但象无差别，婴儿已经能感知外物存在，但不知外物为何物。这种情况下，初生婴儿的行为是由感觉驱动，主要是一种本能活动，还谈不上认知导引。图示如下：

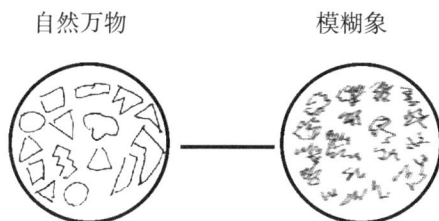

自然万物　　　　模糊象

（二）混同象的形成

婴儿通过在日常生活中感知外界活动的积累，开启和提升了大脑的认知功能。

当婴孩学会和喊出"Ma"时，他已经开始把日夜哺育他的特定的"人"和其他的人区别开来，这时幼儿的脑幕中已经呈现出称之为"妈"的人的具体形象，这表明幼儿大脑神经结构已经开始对摄入大脑的感觉形象进行思维整合和构建出作为外物的摹本的脑象。作为外物在人脑中形成的第一摹本，我们称它为始象。

始象的特征是：有了周界，但周界不清；有了形色，但形色朦胧；对不同外物有了区别，但区分还不明晰。脑幕中这样的外物象，我们称之为"混同象"。有如婴儿口语中 Ma 和 Pa 混淆不清，这也表明他脑幕中的"父"象与"母"象周界也是混淆不清的。

图式如下：

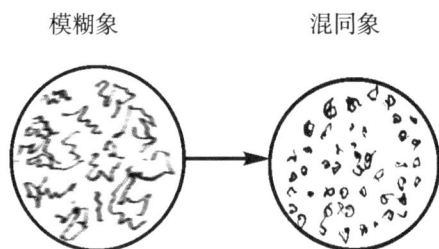

模糊象　　　　　　混同象

（三）混同象转化为差别象

人不断的实践过程，也是认知能力不断提升的过程。婴儿通过对外物的接触与观察活动，在大脑进一步发育中，逐步形成了大脑的比较辨识机制。辨识属于大脑思维活动，是大脑将从感官系统接收到和形成的脑象进行并列，叠合和显示其差异性的活动。并列是从接收到的一组初象中，选择出并列象。叠合是将周界不清的初象相重叠和整合。在叠合中初象得到修正，周界逐步明晰化，差异性由此呈现。例如，通过大脑的辨识，婴儿脑幕中逐渐呈现出较清晰、有区别的"母"象、"父"象，以及其他人象或物象。幼儿由此认清了母亲、父亲、玩具汽车等，并且能喊出人名、物名。可见通过大脑的呈（脑）象和思维整合，幼儿一步步如实地认知了外物。以上我们阐述的大脑对脑象的比较辨识机制，不仅仅是婴儿的认知活动，也适用于人的认知活动。

人脑中外物的差别象一旦形成，那种婴儿时期的"外物同象"机制就转化为物"各有其象"，人的脑幕中就呈现出明晰的和多种多样千差万别的物象：A、B、C、D……，A不同于B，B不同于C，C不同于D……。这样自然万物就表现为脑幕万象。人的脑幕成为一个"万花筒"，它意味着内涵无限丰富的自然世界获得了思维存在形式。

图示如下：

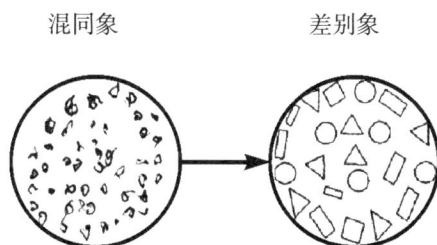

混同象　　　　　　差别象

（四）发掘"同一性"，形成共象

人脑的比较和形成差别象的思维与发掘物的同一性和舍去差别象、形成共象的思维是互相交织的。设想一个猎人，他在长期狩猎活动中，通过对各种猎物进行比较，获得了对面前的一匹白马的认知；有白色的鬃毛、善奔跑等。这时的猎人还只是获得了外物的某些表象性的知识，还未能把握对象物的多样属性，特别还缺乏对外物的内在本质的认知。猎人只是认知那是一匹白马，但他还不能认知马的一般。我们进一步设想猎人此后成为一个马群饲养者，最初马群在他头脑中呈现为一个个的差别象，有黑马、白马、花马，或是幼马、壮马等象。经过长期驯养与认知实践，猎人的大脑掌握了对差别象进行"舍异求同"，即抽取同一性的思维方法。首先，进行形色的"抽象"，猎人脑幕中不再呈现为黑马、白马、花马等差别象。其次，进行体性的抽象，即舍去脑幕中的幼马、壮马、瘦马等体形差别以及雌马、雄马等性别差别；再次，进行习性的抽象，舍去脑海中悍马、驯马等性格不同的"个马"差别。经过上述一系列思维抽象，猎人面对的群马在脑幕中呈现为一匹"共象"马：有长颚、长鬃毛长尾，善奔跑，生机勃勃……有如徐悲鸿艺术加工出的"抽象马"。这是通过人类抽象思维在脑幕上摹写出的"马象"，它既简洁、又实在，集中了马的最主要的性状和活动特征，人脑幕中绘成的这一幅抽象线条式的"马一般"，不是与现实的马相疏远，而是更接近马的真实。

图示如下：

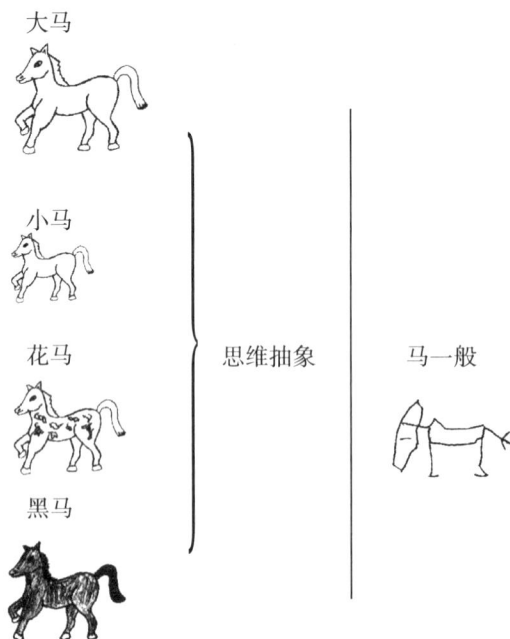

大马

小马

花马 　　　思维抽象 　　　马一般

黑马

基于以上分析，人脑的认知逻辑的发展会表现为：在外物的初象形成基础上，继续进行对初象舍异求同的思维抽象，它实现了差别象转化为"共（同）象"，意味着大脑舍弃物的差别象而进入对物的同一性的把握，其表现是"马"的"名称"即概念的确立。这时，猎人会说"这是10匹马"，猎人脑幕中的马群不再是"小黑马""大白马""大花马"……的堆积，而是10匹体现有多种马的"共性"的一般马，可见，对实在马的认知摹写的结果也就是人脑幕中概念马的构建。

（五）舍异求同的依次递进，物的深层结构性质和共性的发掘

一切自然物体都是一个物质结构或物质组合。按照辩证的哲学思维，物质结构的性质有以下两个方面：（1）是表层结构与里层结构；（2）是一个多层次结构。确切地说，无论是表层结构或里层结构都是多层次的。

就微观自然物（体）来说，表层结构指的是物的外形、大小、颜色、轻重等属性。里层结构指的是物体的微观物质结构及其运行方式，比如，非生命物体的原子核结构及其运行方式，或是生命物体的分子结构及其运行方式。物的表层结构的性质由物的里层结构的性质决定，是自然物质的根本规律。人类对世界的认知，既要充分把握有关物的表层结构的性质，更要把握有关物的里层结构的性质。从人类认知发生来看，大脑功能正常的人都能通过认知活动而获得与人的日常生活相关外物的表层结构的知识，这就是人们所说的"常识"。而富有实践经验的劳动者，或者善于并勤于思考的专业工作者，则能进行有深度的认知，发掘出有关物的里层结构的性质的知识。如老农能认知和拥有多样农作知识，手工业工匠能认知和拥有从事专业活动的知识和技巧，天文爱好者能掌握和拥有有关可视见的天体表层结构及其运行的知识。

从这个含义上说，专业的知识工作者，是认知深化的推手。

我们继续用猎人认识马群的例子。假设猎人通过实践与专业学习成为动物学家。他对马群的认知就不会满足于对马的形色、习性、性别等表层共性的把握。他还会扩展大脑的比较思维，将马与熊、鹿、羊等其他动物的脑象进行并列和舍异求同，找出马与其他动物的共象。假设猎人经过专业学习，成了一名唯物主义的自然哲学家，他还会将马与各种生物以及各种非生命体进行比较，由此找到和阐述反映这些对象的物质共性和物质一般运行规律的知识。

综上所述，人类对宇宙认知的深化就在于：面对着万花筒似的外部世界，人依靠立足于实践的大脑的脑象构建和整合工程，通过不断扩大脑象并列的范围，不断进行对比、区分和概括，大脑完成了外部世界在脑幕中由模糊象到混同象，再到差别象，进至物一般象，再到继起的更加具体的脑图——物的界、门、纲、目、科、属、种——的演进。由此，人脑幕中原初的无形、无状、混淆不清的物象大堆积，最终转化和呈现为万物各有其象、各有其名、各有其性、各有其位，排列和绘成一张有序的大宇宙结构图。可见，人类正是通过外物在人脑的脑象形成和演化机制，不断深化了对世界的认知。

四、论脑象形成的机制（之二）

（一）外物的脑幕呈象机制

认知活动是一种人类所特有的发达的精神活动。高等动物也存在某些简单低级的认知行为，大象具有记忆和识别路径的能力；猩猩、犬类具有相当于幼儿的智力。但人具有发达、高级的认知。"人为万物之灵"，"灵"首先表现在人的发达的认知活动上。

人的发达的认知力不是天然具有，也不是"神授"的，其物质、生理基础是人类在数百万年自然演化中大脑神经结构的发育成熟和功能的完善。

人的认知结构可以划分为：（1）感觉器官体系，即眼耳鼻舌及肢体（身）。人们通常称感觉器官为五官，这种表述是不确切的。当代科学家发现人的心脏也有味觉。（2）思维器官，即大脑神经系统。大脑划分为左脑和右脑两个半球，大脑皮层上生长有由数百亿个神经元组成的复杂结构。脑神经结构是认知结构的主体，它通过广泛覆盖于肢体的神经分支吸收和集中外来的与内脏的信息（刺激），进行加工、重构，做出脑反应，也就是形成脑象，并且由脑象（脑反应）支配人的一切器官和肢体活动，形成人的行为。

人类认知活动可以归结为：人脑对外部刺激做出的反应。人面对外在物与事时，认知体系在受到外在刺激下，在大脑产生和形成认知形象，有如照相机内的胶片在外物的光象的刺激下，发生感光和出现外物的映象。

感官是认知之窗。感官一旦接触外在事物，在外来刺激下产生感觉。外物的体形对眼的刺激产生形、色等视觉；对耳的刺激产生听觉；对舌的刺激产生味觉；对鼻的刺激产生嗅觉；对身体或皮肤的刺激，产生触觉。上述感觉是立足于感官（接收器）的功能，也就是首先依靠人的肢体器官的神经系统的接收与传导作用。人有眼疾，他就不能形成清晰的视觉；人有耳疾，他就不会有灵敏的听觉。基于此，我们将感觉称为感性认知形象。

人类感觉的形成，不只是感官的作用。在接受外来刺激后，感官还要将外来刺激传输给大脑，在大脑发挥功能下，最终形成感觉。举一个例证，对同一种食品，一些人——例如使用该食品的当地人——

会产生愉悦的感受，对另一些人——例如饮食习俗不同的外地人——会产生厌恶感，甚至排斥感。可见，感觉机制，不只是外物引发的简单感官反应，而是外来刺激，先作用于感官，再通过肢体神经系统，向中枢神经传递，在中枢神经的"加工""操作"下形成的反应，从而是一种有中枢神经参与和管控的感性认知形象，也可以称之为心象，本书中我把它称为脑象。

外界事物是一个组合物，具有多样属性。对认知主体形成多种刺激，由此形成的主体感知是一个集形、色、声、味、气（嗅）、触（身）的综合感性形象。一个长期养马人脑幕中的马是包括马的形状、肤色、气味、习性等组成的综合感性形象。这种多维脑象的形成体现了大脑对接收到的多种感觉形象的加工、整合功能组合，意味着在大脑作用下初级感性形象的丰富和向知觉的提升。

人的眼、耳、口、鼻、舌、身、肢体以及全面附着于人体的局部神经、脊椎神经和大脑神经中枢共同组成的认知机器，是地球生物演化过程中形成的最复杂的生理结构。哲学家、医学家以及科学家对这部人身机器进行了2000多年的研究。从中国古代独具特色的生命理论，包括古代中国天人合一哲学，中医阴阳五行理论，到21世纪以来的西方生理学、心理学、认知科学、人体科学等学说，都从不同角度对人的生命现象和精神活动做出了深入阐述。但是，迄至今日人的精神活动，包括认知活动的机理仍处于探索之中，一些复杂的人体生命现象，特别是人的一些特异的精神和心理活动的机理尚未得到完全令人信服的阐明。我注意到，一些分子生物学家，把人的智力的差别，甚至勤奋与懒惰等习性，以及因放纵私欲而形成的恶习都归于遗传的基因结构，显然地，这是一种"唯基因决定论"，它把人的自然生理禀赋和社会形成的体性和精神品质混在一起。这种"人类品行基因决定论"，将会走向种族歧视。上述情况表明，单靠生物学，不能科学地阐明社会人的行为。对于当代西方社会日益凸显的"人的精神和行为畸化"现象，既需要构建和使用人体科学来进行阐释，还需要加强马克思主义哲学的指引。

（二）脑幕成象的递次演进

1. 始象的形成

我们把外物在人的脑幕形成的直观形象称为始象，并且把始象作为分析认知机制的起点。假设一个初次进入森林进行狩猎的猎人与他相遇的是一匹白马。实在的马是有特殊的形体，如马的肢体、鬃毛、马尾，特殊的颜色、声音、喜爱的吃食，以及善奔跑等性状，是一个有血有肉的实象。由于此时猎人尚未见过其他不同的马，因而大脑还未对马象进行比较和思维加工。此时呈现在猎人脑幕的"马象"，实际上是一个不包含上述实在内涵的混沌不清的图像，我们称之为马的"始象"。

始象主要形成于大脑对外物的直观和镜像反应机制。假设猎人在此后的狩猎中与熊相遇，然后与鹿相遇，再后与羊相遇，他脑幕中形成了马 A 熊 B 鹿 C 羊 D 四幅脑象。由于狩猎活动刚刚开始，对四种猎物只是初次接触，猎人大脑对脑幕中的直观形象的对比、识别刚刚起步，还未开展充分的大脑认知运作，因而猎人脑幕中四种物象彼此混沌不清，难以区分：表现为：A 中有 B，B 中有 A，A 中有 C，C 中有 A，B 中有 C，C 中有 B。在猎人脑幕中，马中有熊，熊中有马，马熊难分，可见始象是混同象，即无差别象，意味着，猎人的认知还是只知有物，而不知其为何物。像婴儿最初分不清父亲和叔叔一样。

2. 差别象的产生

开展抽象思维是人的认知的特征。在获得混同象后，人脑会对诸混同象进行比较和分类。比较和分类属于抽象思维活动，它是人脑对直观形象进行整理、加工和重构，将混同象转化为周界明晰的有差别象。

外物或客观实在具有多样性状，是一个复杂的结构。人对外物认知的深化表现为大脑对诸复杂的直观形象开展分析、对比。例如首先就脑幕物象的头部进行比较，发现马颈长、有马鬃毛、平整的牙齿，而熊颈短、齿尖锐；此外，猎人发现马喜疾跑，而熊步履缓慢；在进一步比较中，猎人还发现马性格温驯，而熊性凶猛。经过多方面比较和综合，在猎人脑幕中的马就呈现为具有各种具体性状的马，熊就是具有各种具体性状的熊。这种具有多样具体性状的物象，也就是差别象，也称为类别象。

3. 对多种物象的相互比较

猎人面对的一个是动物群，包括马、熊、鹿、羊以及其他动物。猎人大脑还要开展广泛的比较，要将脑海中储存的一大堆直观形象，实行递次配对，进行对比。如马/熊，马/鹿，马/羊，熊/鹿，熊/羊，鹿/马，鹿/羊……在大脑进行的不断比较中，人对物的认知更加深入，最终形成四张形象清晰、性状特色鲜明的脑图；人们将其命名为马、熊、鹿、羊四种动物类别象。诸类象在脑幕中的呈现意味着人对外物实象的更清晰的认知。

4. 再比较与更具体的类别象的形成

外物是千差万别的，即使是属于某一同类的诸物，也不是完全的"同一物"，而是有各自的特点。这种情况决定了认知的深化，需要对脑幕中已经区分出的同类象，进行再比较和再区分，形成体现更加具体的差别的亚类象。例如猎人对马群进行观察、在脑幕形成性别、体型、年龄不相同的马类象。生物学家则要基于马的肢体结构与性状的差别而区分出马的亚种、次亚种、属……可见，认知的深化，就是人脑抽象思维的递次推进，导致内涵更丰富和多层次的次类别象在脑幕的形成。脑幕中外物的差别性的更加具体，轮廓更加明晰，意味着人的认知更加接近"实象"。

外在事物的多样性还表现在各个物类具有个别特色。例如，就马来说，同样的蒙古大马，还有肤色的差别。为了在认知上把握反映物的个体的差别，要求通过抽象思维进行再次区分，从类象中抽取出"个象"。人的认知不仅把握了物的类象、次类本象，并最终把握了物的"个象"。个象是更具象化，更清晰可辨，有血有肉的脑象，它意味着人的认知的深化，进一步与外物实象相契合。

人认知过程图示如下：

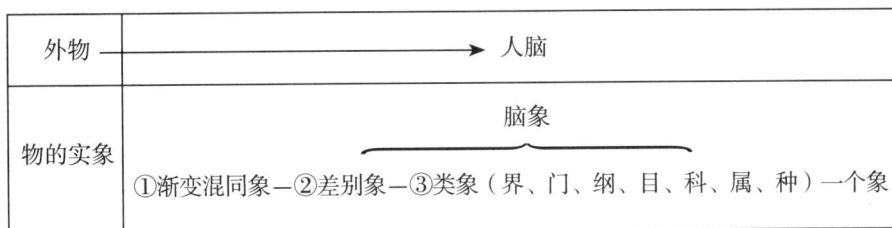

外物	————————————————→ 人脑
物的实象	脑象
	①渐变混同象—②差别象—③类象（界、门、纲、目、科、属、种）一个象

五、论联想与脑象形成（之三）

（一）引入联想的脑象形成机制

人的认知是在人脑的思维功能下实现的外在对象的脑象化。为了简洁地阐明认知机制，我们把人脑比喻为一部照相机，认知可以比喻为大脑对面对的事物进行摄像，使外物在脑幕呈象，我们称之为脑象。但是相机摄影成像与脑象形成不同，相机胶片的成像，依靠的是光影转换的物理、化学机制，而认知与脑象形成则是人的精神活动，是人类大脑对外物与事的思维加工。进行认知的人脑不仅要对当下获得的外物映象进行加工，而且还要借助联想，引入记忆库中储存的已经过的物与事的脑象进行整合，实现最终脑象的形成。

其图式如下：

A. 现实对象（物与事）

B. 联想——已经获得和储存的脑象被调出

思维加工 ⟶ 复合脑象的形成

引入联想的脑象的形成机制，是人的认知活动的特征，它意味着外物的大脑呈象并不是当下实在外物的简单摹写，而是引入有先前储留的认知要素。人的先前的认知获得的经验，表现为人脑既有和储存的脑象，它会通过联想引入当下认知。比如有狩猎经验的猎人面对一头猛狮时，会联想和借助脑海中储积的个人力量难以战胜猛狮的经验，而迅速采取躲避行为。人依靠经验和知识积累做出决策的行为，都是建立在这样的复合的脑象形成机制之上。

（二）联想及其认知功能

联想指的是人脑中的"念头""意念""心念"的联结和再联结。如职场人早晨醒来后的第一个念头"起床"，会引发"要上班"的念头。农民观察到乌云移动生起"要起风"念头，再引起"要下雨"的念头。儿童在岁末景象下生起"要过年了"的念头，再产生"穿新衣""放鞭炮"的念想，等等。人是勤于思维的动物，无时无刻不在思维。联想是思维的重要形式，任何人，无论他是专业从事抽象思维的理论家，或是进行形象思维的艺术家，以及普通的老百姓、大人和小孩，他们从早到晚，无时无刻不在从事各种各样的联想和再联想。

乍一看来，联想似乎是人的为所欲为的意识活动，例如，人有时也会胡思乱想式地联想。迷信的人把月光照影、山谷回声视为鬼神作用。精神病患者更是在进行狂乱的，其实是属于病理机制的联想。但实际上正常人的联想是受认知和心理规律的支配。任何人所进行的任何一种联想都是立足于人脑的功能，是大脑神经网络的特定联结方式与运行方式。

（三）联想的规律与机制

1. 脑象联结根源于客观事物本身的内在关联性

联想理论最早的阐述者是近代英国唯物主义哲学家洛克。他提出了"观念的联想"一词，认为人的"心灵"可以将存在"自然契合性的不同观念连贯起来"。洛克提出了自然契合性的观念，但他不知道上述观念的自然契合性来自相关事物之间本身存在的"有机联结性"。如观察自然气象的农民，之所以能将"要吹风"的意念和"要下雨"的意念相联结，在于"起风"与"下雨"体现了自然气象变化的因果必然性，也就是客观事物的内在关联性是人脑联想的基础和前提，由此产生和形成人脑中"吹风引发下雨"的意念联结。

2. 生活方式、文化性的联想方式

某些不同"意念"的联结之所以形成，不仅在于意念所赖以产生的事物本身的自然关联性，而且在于社会、生活方式以及文化习俗所赋予和塑造的关联性。如身处异国他乡的华人节日意念与返乡合家团聚的意念的联结。儿童的春节意念与穿新衣、放鞭炮意念相联结。华人的上述联想产生和植根于崇文尚礼的中国社会，是已形成了数千年的中国人民的生活方式和文化心理模式塑造的联想。

3. 艺术性的自由联想

艺术是人类独有的高级精神活动，是立足生活现实的艺术形象思维。广阔丰富的联想则是艺术创作的重要手段。艺术家不同于记者或历史学家，记者、历史学家的任务主要是记述当前人生真实或历史真实，文学艺术家则要通过形象的艺术概括、艺术联想与艺术遐想等表现手段，进一步发掘真实之美。苏轼的《念奴娇·赤壁怀古》，以"大江东去，浪淘尽，千古风流人物"开篇，诗人从赤壁滚滚东去的大江，和"乱石穿空，惊涛拍岸，卷起千堆雪"的赤壁雄景，引发"江山如画，一时多少豪杰"的感叹，对当年三国英杰卓越的政治谋划和睿智惊险的军事操作往事的联想，词中以"遥想公瑾当年，小乔初嫁了，雄姿英发。羽扇纶巾，谈笑间，樯橹灰飞烟灭"。"人生如梦，一尊还酹江月。"这些脍炙人口的名句，对早已成为历史的赤壁之战进行了绘声绘色的描述，描绘了一幅气魄奇雄，意蕴无限的歌颂中国卓越历史人物的至美画卷。毛泽东的《沁园春·雪》"北国风光，千里冰封，万里雪飘。望长城内外，惟余莽莽，大河上下，顿失滔滔。山舞银蛇，原驰蜡象，欲与天公试比高。须晴日，看红装素裹，分外妖娆"，以北国生活描述开篇，通过对秦皇汉武、唐宗宋祖、成吉思汗等古代豪杰的丰功伟业的联想与评颂，以"数风流人物，还看今朝"的豪言壮语和科学评判结尾，把革命浪漫主义与现实主义相结合，通过天马行空似的艺术联想和自由想象，勾画出一幅凸显当代中华儿女英雄形象的画卷，堪称书写中国红色革命壮美的艺术鸿章。

可见，文艺创作的联想和自由想象手法的应用，通过对超越时空的事物的引入，完善了作品结构，丰富了作品内涵，实现了艺术美的提升。

（四）一切思维活动都是脑象的形成和运行

第一，人的认知机制始于感官和大脑对外界事物的摹写，从而使外界事物转化为人脑的感性直观形式，然后经过人脑的思维转化为概念，即外物在人脑的抽象形式。概念是外物在人脑际形成的感性认知形象的提升。猎人思维活动在获得白马、黑马、大马、小马、雄马、雌马等直观形式后，再经过大脑对"肤色""形状""性别"等的舍象，猎人头脑中便获得了"马"这一抽象思维形式，即名称或概念的确立。

第二，概念是进行理性认识的工具。猎人在脑海中形成了马的概念后，他也就能够将面对的"马"和"虎"清晰地区别开来，从而形成可以对马进行猎捕的意念。加之通过大脑的联想功能，形成可以将捕获的马用来骑行的意念。可见，有关外物的概念和更具体的意念的形成，引导猎人做出最终的行为决定。

需要说明的是，不论是人们日常生活中的思维活动或者是艺术家从事的描写真实的直观性的思维活动，还是哲学家从事的使用概念工具和逻辑方法进行的抽象思维活动，或是数学家从事的使用数和公式进行的理性分析思维活动，在认知机制上都表现为一种人脑的脑象形成和运行。也就是说，人类开展的一切思维活动都表现为脑象形成和脑象运行：只不过一些思维活动是采取直观的感性脑象来进行，另一些思维活动则是采取抽象的概念与逻辑形式来进行，还有一些思维活动则是采取数与形的脑象来进行。

人的思维，无论是具象性思维活动，或是抽象性思维活动，都是人的大脑的神经元特定的联结和运行方式。

人在面对外物时，大脑的不同领域神经元 $A^1B^1C^1D^1\cdots$，分别接收外物的色、声、形、性状，引起和形成各种各样的大脑神经元振动方式，可以写成公式：

Y=f（A^{1}B^{1}C^{1}D^1…）。

Y 为外物实象，A^{1}B^{1}C^{1}D^1…为人脑神经元的振动和联结方式。

当前，脑神经科学家已经可以通过测定脑电波的现代设备，如MRI（核磁共振成像）来呈现和绘制神经元共振网络图像，由此来对人的思维活动做出精确的描述。我们所论述的人的认知和脑象形成机制，其物质生理机制，就是上述人脑面对外物时引起的脑神经元的运行方式。现代脑科学关于认知活动是人脑神经结构的一种运行方式的阐释具有重大哲学意义，它表明：思维，作为人的生命活动的特殊形式，仍然是物质运动的一种形式，不过，它是物质运动的高级形式。

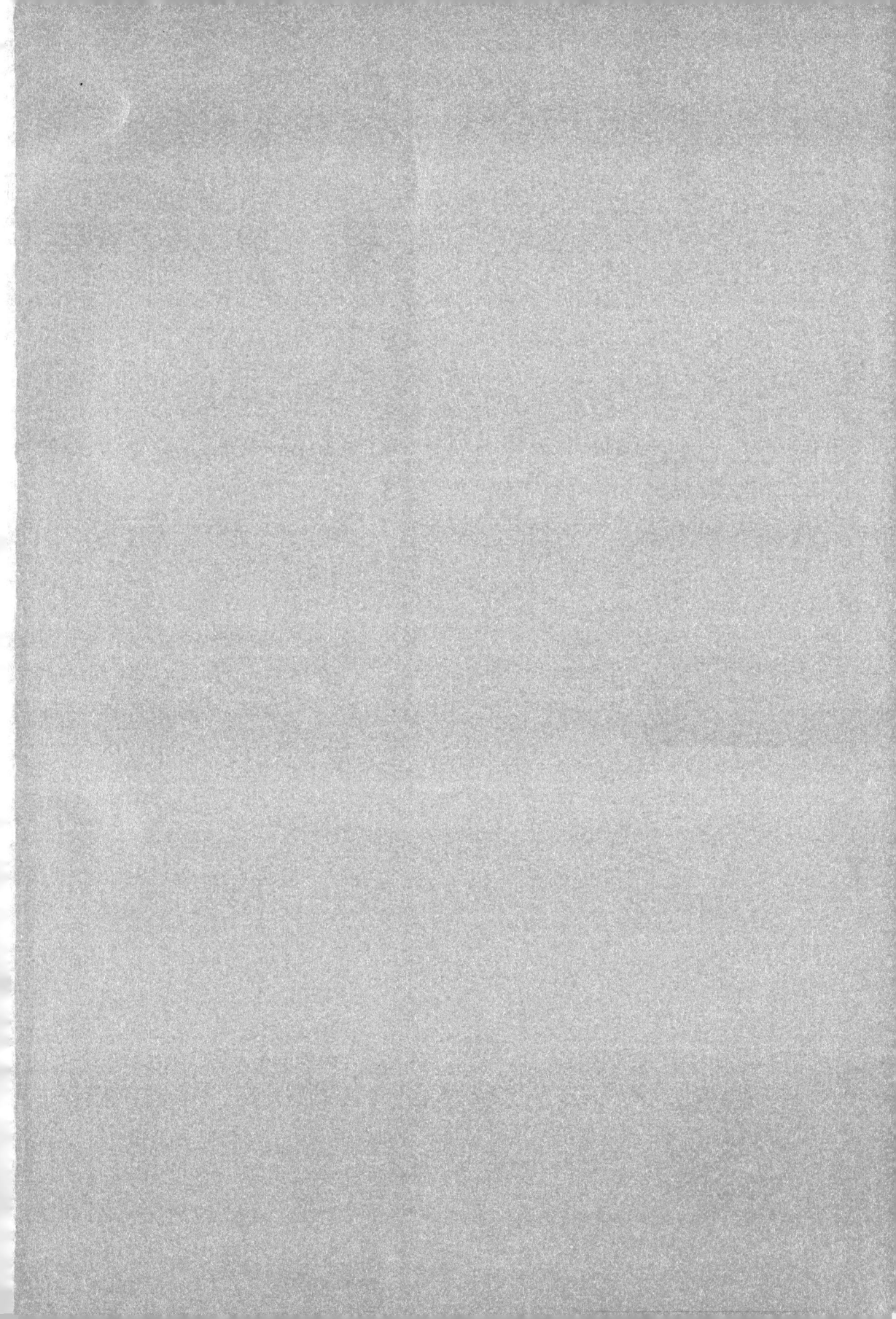